桃桃看世界

TOKYO 东京

[新加坡] 柳小笛 高露贝 金金姑娘◎编绘

人民东方出版传媒
People's Oriental Publishing & Media
東方出版社
The Oriental Press

编写说明

“世界那么大”，从小就要去看看。《桃桃看世界》是为3—8岁的孩子设计的亲子旅行游戏书。

本套书精选了一系列世界热门旅行目的地城市，在每个城市选取有特色的景物或文化风俗，并设计了趣味性的图画、文字和游戏。由“桃桃”“公主姐姐”等人物带领，在日常生活和旅途中，引发孩子对世界的好奇心，获得丰富的知识和阅读乐趣，从而更好地发现和认识世界。

书中预留了大量的画图和文字记录空间，设计了贴照片的互动环节，并且为孩子提供了大量精美的城市景物贴纸，让旅途中的美好瞬间成为永久的成长回忆。

先来认识一下一起陪你旅行的朋友吧！

桃桃：

善良、勇敢，有好奇心的小女孩。喜爱看书，乐于去世界各地旅行。

公主姐姐：

非常优雅，对艺术品和古代文物非常有钻研。每次到博物馆都能看到她的身影。

好奇心奶奶：

对任何事物都充满好奇心，尤其是对新鲜事物和年轻人爱玩的东西。爱凑热闹，迷迷糊糊的。

叶子妹妹：

桃桃的跟屁虫，认为桃桃姐姐永远是对的。桃桃做什么，自己也要做什么。

胡子哥哥：

觉得自己留胡子很酷，是个很酷的文艺青年。

地图猫：

执着于看地图找路的传统绅士猫，不喜欢现代导航设备，但是方向感并不好。最后每次都需要别人帮忙。

慢跑阿姨：

在每个城市都有她运动的身影和足迹。跑遍全世界是她的梦想。

泳帽鸟：

橙地儿白条儿泳帽是他的标志。热爱水上运动。有洁癖。

目录

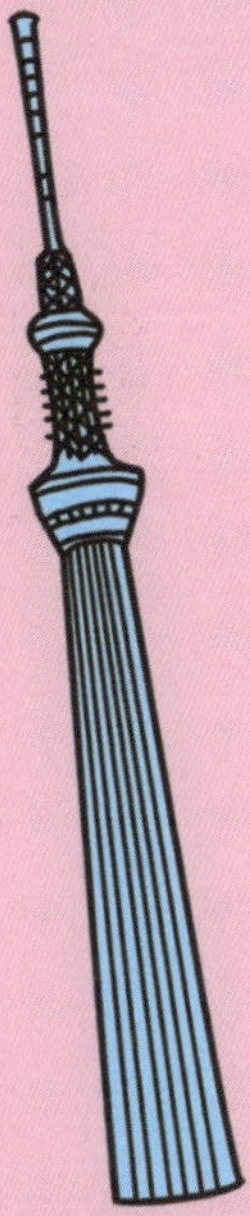

TOKYO

东京 123

地理概况

东京，是日本的首都。它面向一片大海，叫作东京湾。地势也比较平坦，因为它位于关东平原的中部。

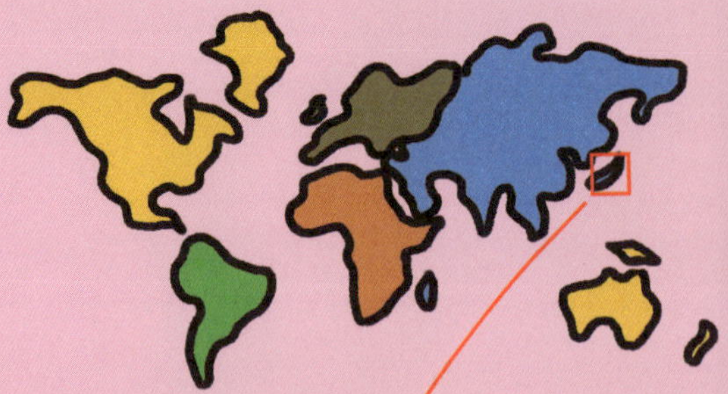

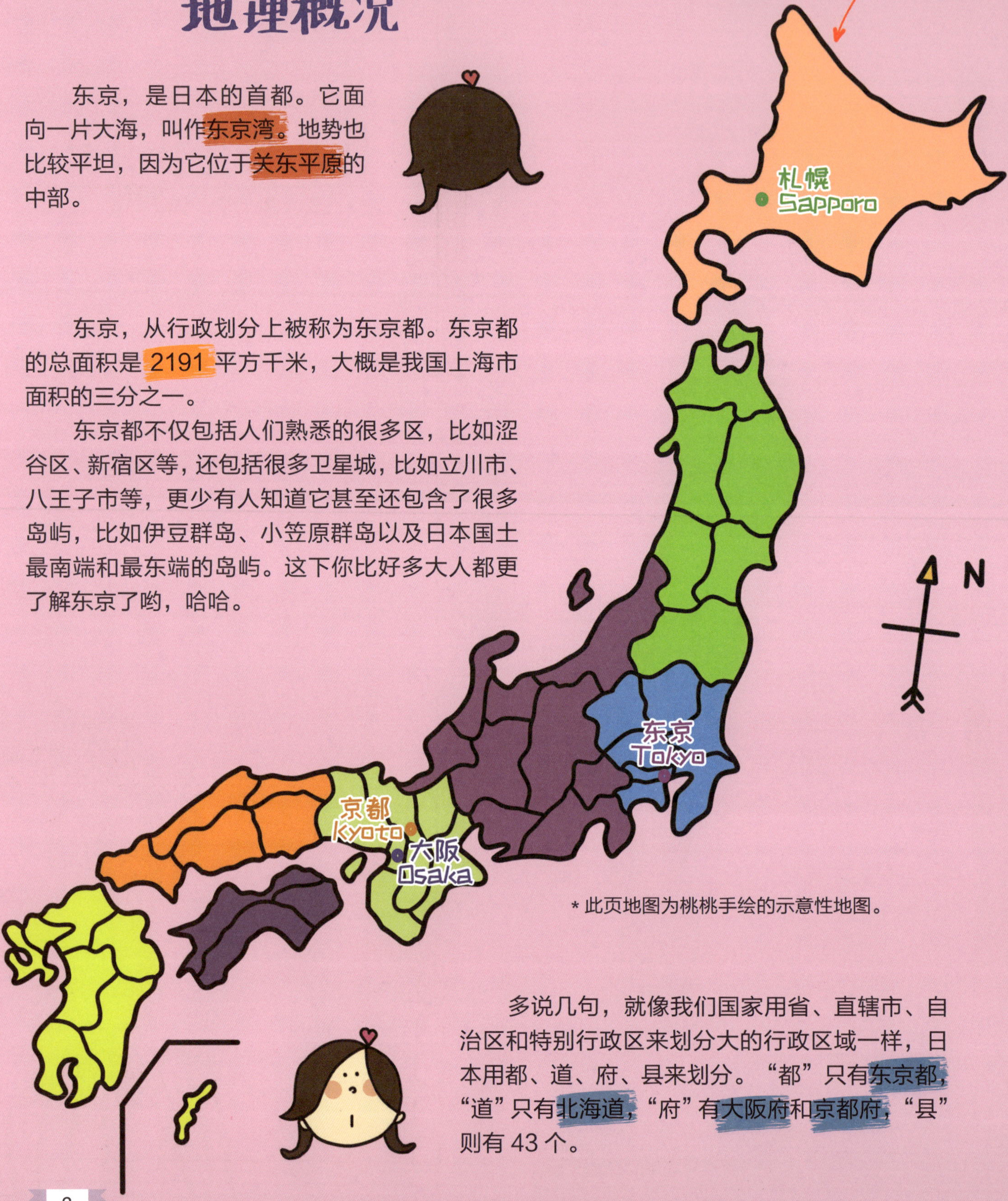

东京，从行政划分上被称为东京都。东京都的总面积是 2191 平方千米，大概是我国上海市面积的三分之一。

东京都不仅包括人们熟悉的很多区，比如涩谷区、新宿区等，还包括很多卫星城，比如立川市、八王子市等，更少有人知道它甚至还包含了很多岛屿，比如伊豆群岛、小笠原群岛以及日本国土最南端和最东端的岛屿。这下你比好多大人都更了解东京了哟，哈哈。

* 此页地图为桃桃手绘的示意性地图。

多说几句，就像我们国家用省、直辖市、自治区和特别行政区来划分大的行政区域一样，日本用都、道、府、县来划分。“都”只有东京都，“道”只有北海道，“府”有大阪府和京都府，“县”则有 43 个。

气候和人口

东京是亚热带季风气候，四季分明，夏天的温度在 30℃左右，而冬天的最低温度在 0℃左右。

一年四季都挺适合去东京旅行的——春天的樱花，夏天海边烟花，秋天的枫叶，冬天的雪中热水浴，每个季节都各有特色。

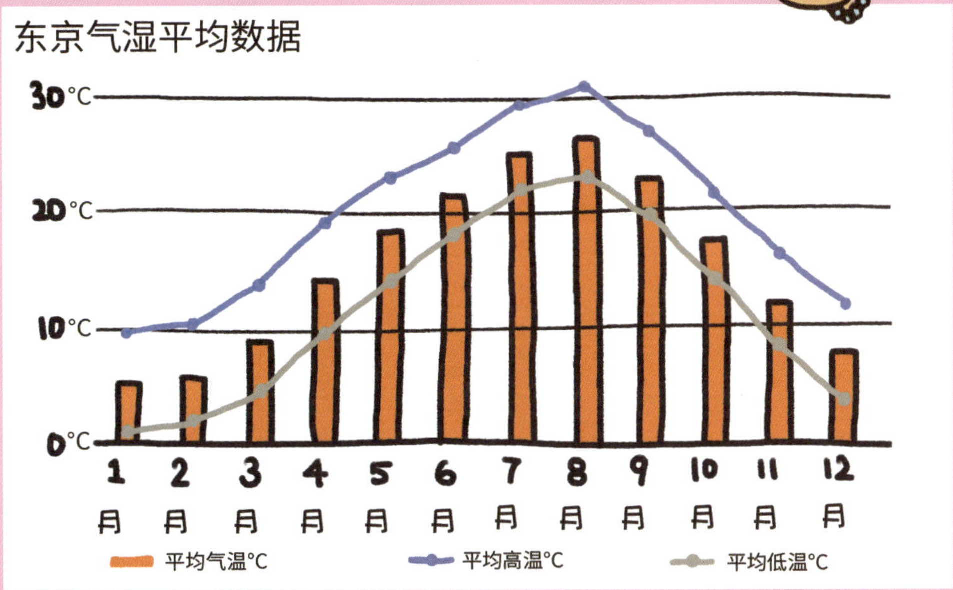

* 数据来自维基百科。

冬季里的短裙

如果你在冬天去东京旅行，一定会注意到大街上穿着短裙的女高中生们。这么冷的天，她们为什么还要穿短裙？她们不怕冷吗？关于这个问题，有以下这么几种说法：

日本校服历来如此设计，以锻炼孩子们克服严寒、不怕冷的坚强意志。

短裙好可爱，穿短裙才显得有青春活力呢……

其实她们也很冷，上身穿了很多层，身体各处还贴了无数的暖宝宝。

交通工具上、教室里供暖都充足强劲，冷也就是户外走路时冷那么一下。

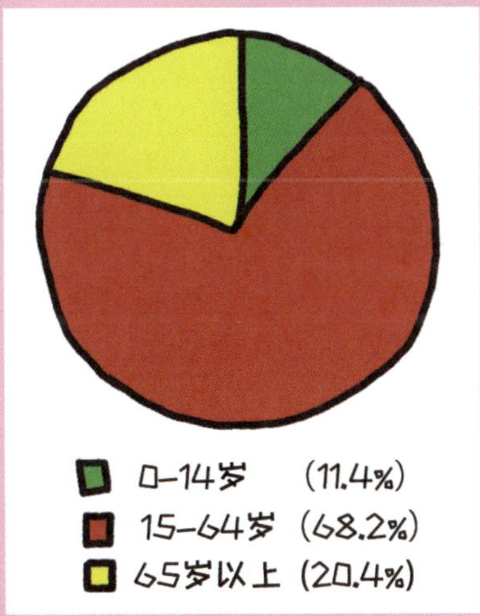

* 数据来自东京都政府网站。

根据 2015 年的统计，东京的人口是 1300 多万，是日本 47 个都道府县中人口最多的。因为东京的面积小，人口又这么多，所以东京的人口密度非常高。

根据 2010 年的人口调查，东京超过 65 岁的老年人已经达到 260 多万了，平均每五个人里就有一个年满 65 岁，所以东京是个老龄社会。

历史大事件

发生在东京的历史大事真不少，让我给大家介绍几件重要的大事件吧！

1457年，江户城在当今皇居附近被修筑起来，这就是东京在原来被叫作江户的原因。

1600年，一个叫德川家康的人在关原之战中取得了胜利。三年后，他以江户城为据点，成立幕府，开始了江户幕府的统治时期。

1868年，江户幕府倒台了。江户改名为东京，天皇也从京都搬来了东京，从此东京成为新的日本首都。

1868年，日本进入明治时代。东京逐渐发展成为一座现代化的国际都市——电信线路被铺设起来，蒸汽机车开始行驶，连武士的发髻也被西式的发型取代了。

1923年，东京遭受了严重的关东大地震，14万人死亡或失踪。东京被震后的大火夷为了平地。真是悲惨……

1945年9月2日，日本签署了投降书，在第二次世界大战中战败。

20世纪60年代，东京的经济开始飞速发展。日本制造的电器成了新潮、质量高的代名词，成了当时的抢手货。

2013年，东京获得了第32届夏季奥运会的主办权。这是继1964年举办奥运会后，东京第二次举办奥运会。

精彩东京的历史车轮还在继续前进……

重要人物

不论在历史上还是当代，东京都有不少重要的人物。先介绍下面几位给小朋友们认识一下吧！

德川家康（Tokugawa Ieyasu，1543—1616），日本战国时期的大将军。他在混乱的年代建立了一个长期统一的政权，被日本人称作“战国三杰”之一。他的忍耐哲学和勤俭节约的生活作风至今仍然被人们津津乐道。

明仁（Akihito，1933— ），日本第 125 代天皇，1989 年即位，2019 年 4 月 30 日退位为上皇。这位总是笑眯眯的慈祥老人，个头不高，因亲民的形象在日本颇得人心。

葛饰北斋（Katsushika Hokusai，1760—1849），著名浮世绘画家。浮世绘是日本的一种绘画风格，在江户时期特别流行。而葛饰北斋最著名的画作是《富岳三十六景》系列，每幅画都以富士山为背景，展现当时日本人的生活状态。这一系列中，《神奈川冲浪里》是最有名的。

黑泽明（Kurosawa Akira，1910—1998），日本鼎鼎大名的电影导演。他一生执导过 30 多部影片，其中许多部都获得了世界大奖，至今仍然被人们奉为经典。可以说，黑泽明使日本电影走向了世界。

山口百惠（Yamaguchi Momoe，1959— ），是日本演艺界的传奇人物。出生于东京涩谷的她，13 岁就通过唱歌比赛出道了。15 岁成为炙手可热的大明星。

羽生结弦（Yuzuru Hanyu，1994— ），一位可爱的男子花样滑冰运动员。他的战绩傲人，两次获得冬季奥运会男子花样滑冰冠军，两次获得世界锦标赛冠军，还是世界花样滑冰大奖赛总决赛的四连冠！

出行交通方式

说到交通，必须由我地图猫大人为你介绍，哈哈。

航空

目前东京有两座大型机场，它们分别是羽田机场和成田机场。羽田机场主要服务日本国内航线航班的起落，而成田机场主要负责国际航班的起落。这两座机场各司其职，井然有序地为东京提供了便利的航空服务。

新干线

新干线是日本的高速铁路，因为它的车身是流线型的，非常漂亮，被人昵称为“子弹头列车”。连接东京、名古屋和大阪的东海道新干线在 1964 年就通车了，到现在还是世界上最先进的高速铁路系统之一呢。

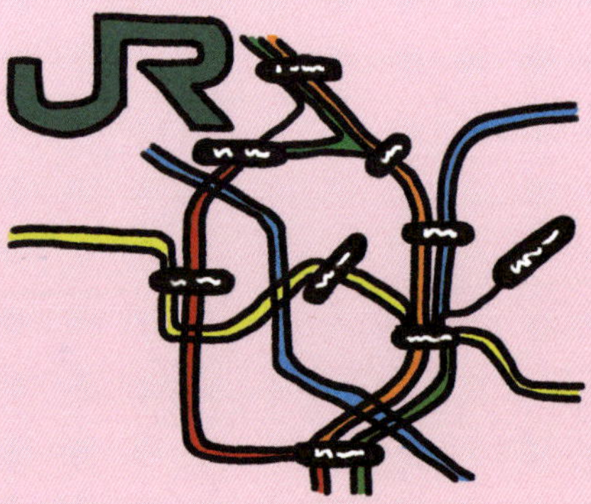

铁路

从地图上看，东京的日本铁道（JR）路线五颜六色、错综复杂，就像蜘蛛网一样相互交错，让人眼花缭乱。不过，不同的路线不论是地图还是车厢都用不同的颜色做出了区别，再加上清晰的标志和准确的时刻控制，让 JR 成为非常便利的出行方式，是我的出行必选。

地下铁

东京是全亚洲第一个拥有地铁路线的城市——1927 年 12 月银座线由上野到浅草的路段就开始运营了。如今，东京地下铁系统因为经营者的不同，分为东京地下铁和都营地下铁，两者共拥有 13 条地铁路线，285 座车站（多线共用的车站重复计算），而且每条路线都可以和 JR 的车站转乘，真是太方便了。

城中盛事

一年中，东京会举办各种各样的比赛、展览、庆典和活动。介绍下面几个特别有意思的活动。是不是看着都想去参加一下？

White Heron Dance
白鹭之舞

时　　间：每年 4 月第二个周日和 11 月 3 日
地　　点：东京浅草寺
首次举办：1968 年
特　　点：这场活动取自浅草寺一个绘卷中的祭典游行；人们穿着平安时期模仿白鹭造型的服装，翩翩起舞。

Crying Baby Sumo (Nakizumo) Festival
宝宝哭相扑赛

时　　间：每年 4 月底
地　　点：东京浅草寺
首次举办：1991 年
特　　点：两名相扑手，每人怀抱一名婴儿，并用做鬼脸、举高等方式让他们哭泣，最早开始哭，而且哭得最大声的婴儿获胜。

Sumidagawa Hanabi
隅田川花火大会

时　　间：每年 7 月最后一个周六
地　　点：浅草站附近为最佳观看地点
首次举办：1978 年
特　　点：东京市内最有名、历史最悠久、规模最大的花火大会；数万发烟花将市区的夜空装点得五彩缤纷。

Summer Sonic Festival
夏季索尼克音乐节

时　　间：每年 8 月上旬到中旬之间的一个周六和周日
地　　点：东京千叶
首次举办：2000 年
特　　点：全球十大知名音乐节品牌之一；日本海内外顶级歌手争相参加。

MAP
手绘地图

东京是一座令人着迷的城市。这里有古朴恬静的风俗文化，有摩登炫目的城市建筑，有琳琅满目的商品，更有令人垂涎三尺的美食……它绝对是了解日本的最佳窗口。

第15页

心願成就

長壽祈願

開運招福

病気平癒

旅行安全

家内円満

第27页

第17页

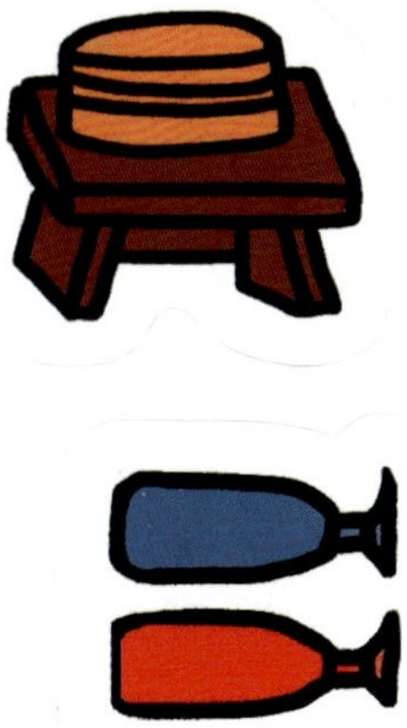

第24-25页

第28-29页

第34-35页

第39页

贴纸页

第8–9页

第14页

你和爸爸妈妈做好旅行计划了吗？找到你们打算游览的地方，在它们的位置上贴上贴纸，好吗？

* 本地图仅为展现东京文化标志及地标建筑相对位置的示意性地图。
* 你可以在贴纸页找到贴纸。

MOUNT FUJI 富士山

富士山是日本的最高峰，被世人称为日本的象征。富士山坐落在东京西南方向约 80 千米的地方。你知道吗，它可是一座活火山哟。

活火山通常是指近一万年来有过喷发记录的火山，科学家预测它们仍然有喷发的可能性。富士山最近一次喷发是在 300 多年前，而且还有可能随时喷发，这听上去有点儿吓人。

JOIN THE DOTS 连连线

说到日本就一定会想到富士山。如果天气好，站在东京塔上，你就能远远地望到它哟。

按数字顺序连线，你就会看到它的雄姿了。

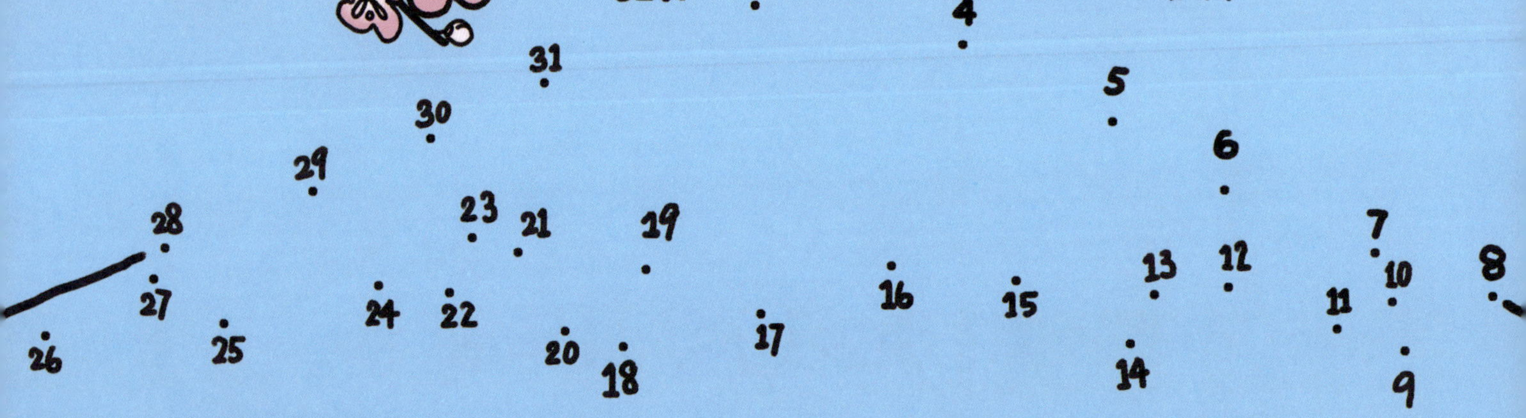

HINAMATSURI

女儿节

三月三日是日本的女儿节。人们在这一天祈祷女孩健康幸福，快乐成长。要是家里有年幼的女儿，家长们就会布置上这样的陈列台，摆上穿和服的娃娃，并为这些人形娃娃摆上米糕和其他食物，希望借这些娃娃帮助家里年幼的女儿驱散厄运。

SPOT THE DIFFERENCES

找不同

这些娃娃好漂亮呀！

上图和下图共有五处不同，你能全部圈出来吗？

什么？你想知道既然有女儿节，那么日本有没有男孩节？哈，当然有了！每年的五月五日就是男孩节。那一天，家长们会挂上这种鲤鱼旗，为男孩们祈福加油。

写点儿什么：

SHIBUYA CROSSING
涩谷路口

涩谷是东京最繁华、最热闹的商业区。年轻人都喜欢到这里来。这里有著名的商店，有鼎鼎大名的忠犬八公塑像，更有世界知名的“最多人同时通过的十字路口”。

这个十字路口真的好多人啊！我……我……该往哪里走呢？要不先来数数右边的物品在图中的数量吧。
帽子：____顶
墨镜：____副
雨伞：____把
HAPPY BIRTHDAY TO YOU
HOW MANY
数一数
Pamasonic
サロンパス
SK II
Hisomitsu
MASK MUST TRY
KIKIN
一番搾り
F2
FOREY
桃桃看世界
Tao Tao Kan Shi Jie
STARRYBUKS COFFEE

RAMEN
拉面

日本各地都有当地风味的拉面，而且物美价廉，是游客们争相品尝的美味。吃拉面的时候，一定要发出吸食拉面的声音，这样表示拉面很好吃，卖拉面的老板才会高兴哦。

呼噜噜，呼噜噜……拉面真好吃。老板，再来一碗。你喜欢吃什么样的拉面？下面这碗拉面的配料还不够多，快把更多的配料贴过来吧！

＊你可以在贴纸页找到贴纸。

STICK THEM ON
贴贴纸

EMA
绘马

日本人祈福为什么要写绘马呢？传说马是神明的坐骑，古时候人们常常供奉马匹向神明祈福。当时买不起马匹的人们就用木雕或者是纸扎的马代替，逐渐就演变成了如今画着马的小木板——绘马了。

如果你来日本寺庙，建议你仔细看看这些绘马。人们把自己的愿望写在绘马上，许多都非常有趣。

你也做个绘马吧！在后面的贴纸页上有一些愿望，你想许哪些呢？贴上你选择的愿望，再配上图画吧。

* 你可以在贴纸页找到贴纸。

DRAW & PAINT
画画并涂色

UENO ZOO

上野动物园

上野动物园是日本最古老的动物园，在 1882 年就开放供人参观了。园内的明星动物是来自中国的熊猫，就连附近的上野车站也有一尊熊猫的雕像，作为站内的地标呢。

PAIR THEM UP 找对应

如果你来了上野动物园，就一定能帮这些动物找到它们爱吃的食物了。试着连上线吧！

ROTENBURO
露天风吕

STICK THEM ON
贴贴纸

露天风吕是设置在户外的温泉。它的最大魅力就是一边泡温泉，一边欣赏美丽的自然风景——既能洗净身体又能洗涤心灵，真是难得的身心享受。

等等，想进来一起泡泡的话，请先洗干净哟。没有冲淋用具？那么请在贴纸页寻找并粘贴过来吧！我再泡一会儿。

* 你可以在贴纸页找到贴纸。

MANEKI NEKO
招财猫

招财猫是一种用陶瓷制作的摆设，在日本特别常见。它们一般是白色的，配有各种各样的图案。 看看下面的“你知道吗”，你会了解更多关于招财猫图案和颜色的知识。

喵……不同颜色、不同图案的猫可以招来不同的好运气！不知道日本人会觉得我身上的漂亮颜色和图案代表什么？应该是聪明无比吧？哈哈哈哈……

COLOR IT IN
涂颜色

请你给这只小猫涂上你喜欢的颜色吧！

你知道吗？
举起右手的小猫代表“招财”，举起左手的小猫代表“招客”。

颜色的寓意：
白色：幸运福气　　金色：财运滚滚
黑色：消灾避邪　　粉色：爱情甜蜜
红色：无病无灾　　绿色：学业有成
黄色：喜结良缘　　蓝色：事业顺利
紫色：美丽健康

图案的寓意：
宝船：财富满盈　　松竹梅：吉祥如意
鹰：达成理想　　四季花卉：富贵圆满
茄子：实现愿望　　铃铛：提升运气
富士山：名利双收　　樱花：爱情顺意
龟鹤：长寿健康　　鱼：年年有余

SENSO-JI
浅草寺

浅草寺是东京最古老的寺院。相传 1300 多年前，一对打鱼的兄弟在隅田川里捞起了一尊观音像，于是就修建寺庙供奉了起来，这就是浅草寺的起源。

隅田川是流经东京的一条河流。浅草寺距离隅田川不远。

游览这么美丽古老的寺庙，你有没有画画的冲动？请你在下面的空白处画出你自己的浅草寺吧！

DRAW & PAINT
画画并涂色

TOKYO DOME
东京巨蛋

东京巨蛋是一个多功能的体育场馆，是日本职业棒球读卖巨人队的主场。这里也举办各种其他运动比赛和大型演唱会。

读卖巨人队是日本职业棒球联盟的老牌劲旅，获得过不少冠军头衔呢。

比赛太紧张了。这几个运动员非常有名，我一直盯着他们。你能在这两幅图中将他们找出来吗？请将一样的运动员连上线吧！

SUSHI
寿司

HOW MANY
数一数

寿司是日本的传统美食，在被醋调味过的冷饭上搭配各种各样的配料——鱼肉、海鲜、鸡蛋、蔬菜……种类繁多，五颜六色，既好吃又好看。

你爱吃寿司吗？帮我数数盘中的各类寿司各有多少个吧！

 ______个  ______个  ______个

ODAIBA 台场

MAZE MASTER 走迷宫

台场是一座巨大的人工岛，位于东京都的东南方。在江户时期的时候，这里原本是一处军事要地。现在台场变成了观光胜地——海景、温泉、美术馆、购物、娱乐……应有尽有。

＊本迷宫不可做地图使用哦！

AKIHABARA

秋叶原

Best J
日本旅

在秋叶原车站周围聚集了许多大型的电子商品商店，还有大大小小数不清的和动漫、电玩有关的商店。喜欢二次元文化的游客一定要到这里来。

二次元说的是动画、漫画、电子游戏这些二维，也就是平面空间里的虚拟人物和世界。

这里卖的东西真是五花八门！每个柜台上都缺了点儿东西。帮我补回去吧！
* 你可以在贴纸页找到贴纸。

ese Souvenirs

最佳礼品!

SORT THEM OUT

分分类

MEIJI SHRINE
明治神宫

明治神宫是为了祭祀明治天皇和昭宪皇太后而修建的神社，在 1920 年启用。明治神宫所在的这片绿地种植了 300 多种树，有 10 万多株，真可以称得上是东京的“绿肺”。

DRAW & PAINT
画画并涂色

明治神宫的鸟居是日本现存的最大的木制鸟居。请你在下面的空白处将它画下来，并装饰成你想要的样子吧！哦，忘了告诉你，鸟居这种大门式的建筑经常出现在日本的神社里。它是用来提醒人们，跨过鸟居，就是进入了神明的世界。嘘……

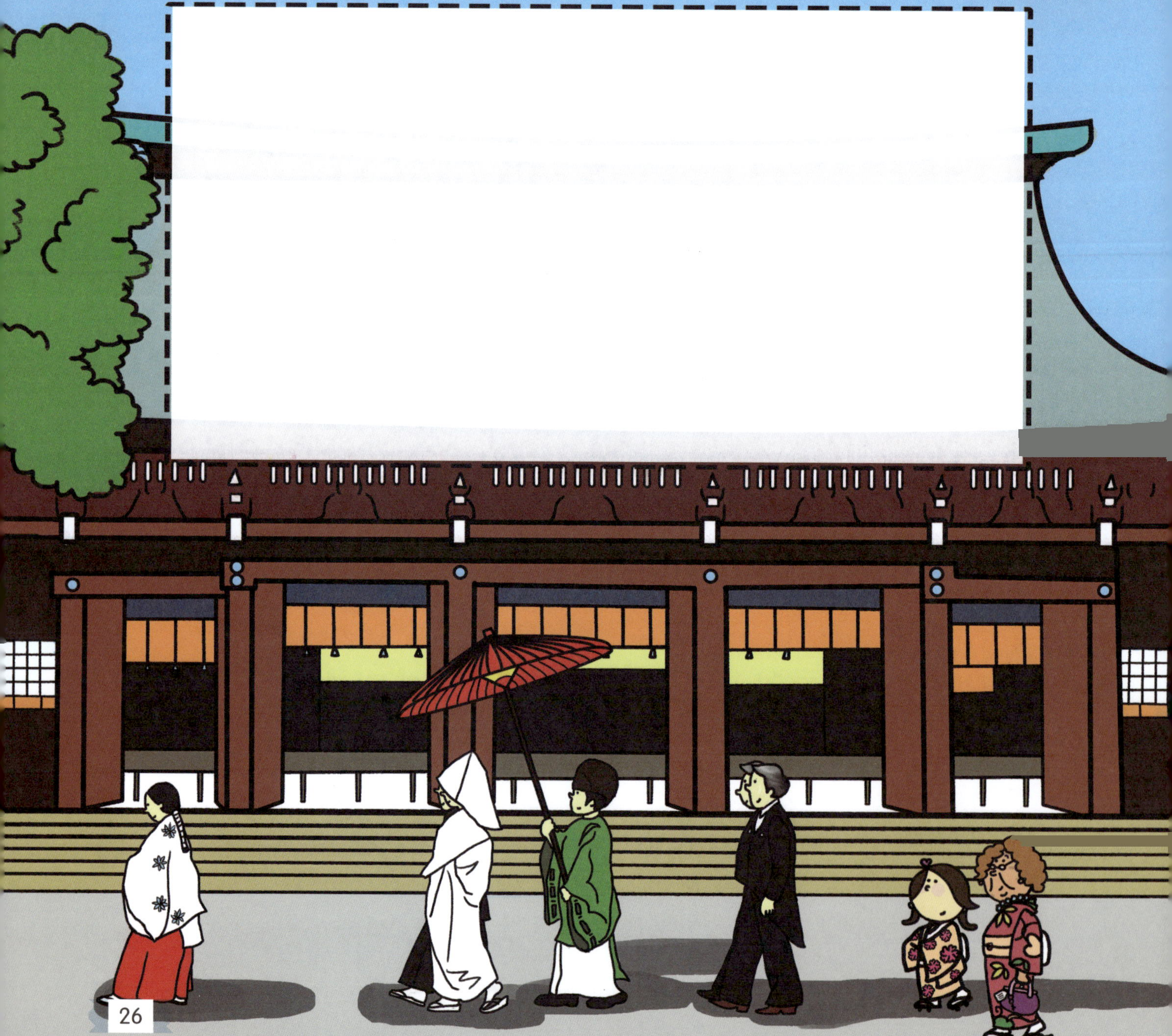

TOKYO TOWER
东京铁塔

1958 年，东京铁塔建成，它的高度是 332.6 米。虽然之后建成的东京晴空塔在高度上远远超过了它，但是作为曾经的东京第一塔，东京铁塔至今魅力不减，依然是数一数二的东京地标。

想和东京铁塔来个全身合照可不容易。你也试着像我这样拍一张？拍到了，就让爸爸妈妈给你一个奖励贴纸吧！

* 你可以在贴纸页找到贴纸。

如果你不在东京，但也想要个奖励贴纸的话，不妨记一记东京铁塔的建成年份和塔高，然后背给爸爸妈妈听。他们一定也会把奖励贴纸给你的，相信我！

HANAMI
赏花

STICK THEM ON
贴贴纸

赏花是日本的传统风俗。每当三四月份樱花开放的时候，日本人就会相约来到樱花树下，铺上垫子，品尝清酒和美味的点心，一边赏花，一边聊天唱歌，度过一段美好的时光。

春天来了，樱花黄莺报道！我要边看樱花边野餐。请把更多的人邀请过来参加野餐吧！

* 你可以在贴纸页找到贴纸。

SKIII

KIMONO 和服

PAIR THEM UP 找对应

和服是日本的民族服饰，已有上千年的历史了，至今日本人还会在很多场合穿着和服。和服在样式上种类繁多。如何在相应的场合穿着合适的和服，并配以合适的配饰甚至头饰，这里面的学问可大了。

SUMO
相扑

JOIN THE DOTS
连连线

相扑是日本的国粹。两个身材硕大的大力士，上身不穿衣服，在一个规定的圆圈里角力。谁先让对手除脚掌之外的任何身体部位着地，或是让对手身体任何部位出圈，谁就是胜利者。

写点儿什么：

TSUKIJI FISH MARKET

筑地市场

MAZE MASTER

走迷宫

筑地市场被称作“东京人的厨房”。全世界的游客来到东京都要去那里品尝美食。虽然专门经营批发的场内市场已经搬到了丰洲，但是经营着各种餐饮、干货、蔬菜水果的场外市场依然人头攒动，生气勃勃。

哪条路是去吃鱼生饭的正确道路？小朋友，你火眼金睛，一定能帮忙指出来！

TOKYO NATIONAL MUSEUM

东京国立博物馆

东京国立博物馆是日本历史最悠久、规模最大的博物馆。博物馆的展品丰富极了，除了有日本的文物和艺术品，也有来自亚洲其他地区的珍贵藏品呢。

这是一个木制的佛像。它是博物馆国宝级的展品。爸爸照着画了一张。但是好像有些地方不一样啊。小朋友，你能找出五处不同来吗？

SPOT THE DIFFERENCES 找不同

写点儿什么：

VENDING MACHINE
自动贩售机

SORT THEM OUT
分分类

在东京的街头，几乎走两三步就能看到一台自动贩售机，而且自动贩售机售卖的商品种类也绝不仅仅就是常见的冷饮热饮。很多意想不到的商品都能在自动贩售机里买到，真是太方便了！

仔细看看这些大个子！好像我需要的都能从里面跑出来，真是神奇！哎，不对呀，它们好像都缺少了一些货品，请你帮它们补上吧！

* 你可以在贴纸页找到贴纸。

写点儿什么：

GHIBLI MUSEUM, MITAKA

三鹰之森吉卜力美术馆

这是动画大师宫崎骏设计的美术馆。这里不仅展示了许多宫崎骏动画片里的经典场景，还向参观的人们介绍了动画片是怎么制作的，以及工作人员在工作室制作动画的情景，还是挺有趣的。

龙猫，龙猫，我来了。这是你的家吗？小朋友，请你在下面的空白处为这个美术馆设计一张门票吧！看看龙猫喜不喜欢。

CAPSULE HOTEL

胶囊旅馆

HOW MANY
数一数

胶囊旅馆可以说就是给房客提供的一个睡眠舱。舱里面一般都会配有电视、充电设备和无线网络，也算是“麻雀虽小，五脏俱全”吧。不过，这样的旅馆体验下就好，长住起来应该还是会不太舒服……

___双 ___副 ___个

我住602。邻居看起来还不错。请数一数上面图例的物品在这张图里的数量吧。挺简单的，我觉得。

UKIYO-E

浮世绘

COLOR IT IN 涂颜色

浮世绘这种绘画艺术，兴起于江户时期。浮世绘描绘人们的日常生活，用色大胆，非常具有日本特色。你知道吗，荷兰大画家凡·高就特别喜欢浮世绘。在他的好几幅画作里都能看到浮世绘的身影。

凡·高就是那位荷兰后印象派的天才大画家。他的著名画作有《向日葵》《星月夜》等，你一定听说过。

这两幅是很有特点的日本浮世绘作品。用你喜欢的配色给这两幅浮世绘涂上颜色吧!

写点儿什么：

GARBAGE SORTING
垃圾分类

日本的垃圾分类标准号称世界上最严格，不仅有繁多的类别，丢弃各类垃圾的时间也有明确规定。

日本的垃圾分类真是太细致了——不可燃垃圾、可燃垃圾、瓶、罐、可回收塑料、资源垃圾……想要完全搞清楚可能要花些功夫。

下面是街头的垃圾分类桶，请你帮我将贴纸页中的垃圾贴纸贴到正确的分类桶里吧！

*你可以在贴纸页找到贴纸。

SORT THEM OUT
分分类

HERE ARE THE ANSWERS
答案在这里

贴贴纸
P8—9

连连线
P10

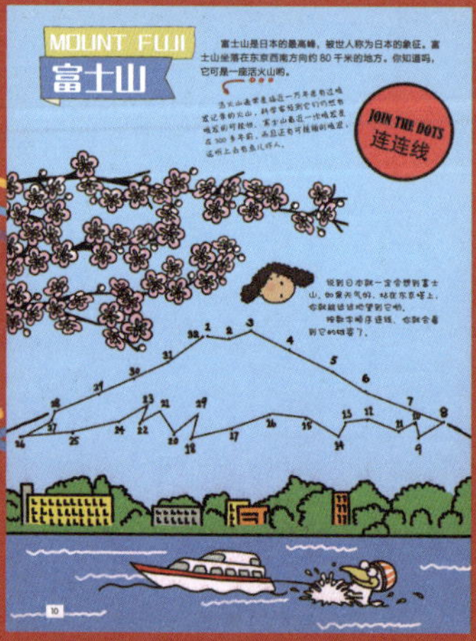

P31

找不同
P11

P33

找对应
P16

P20—21

P30

走迷宫
P23

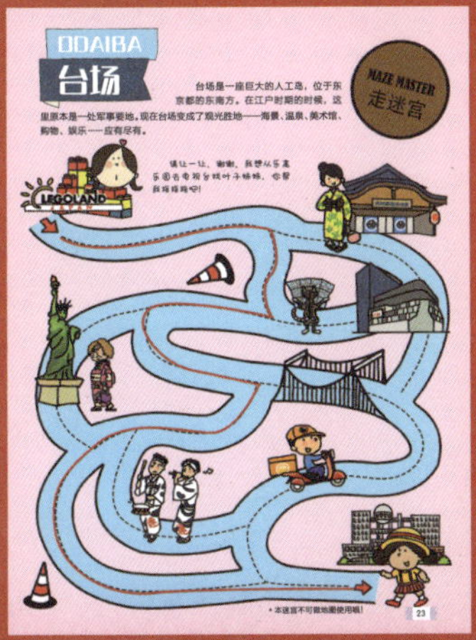

P32

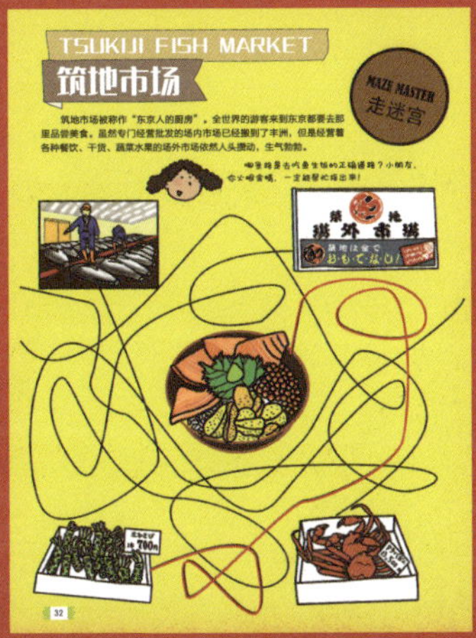

分分类
P24—25

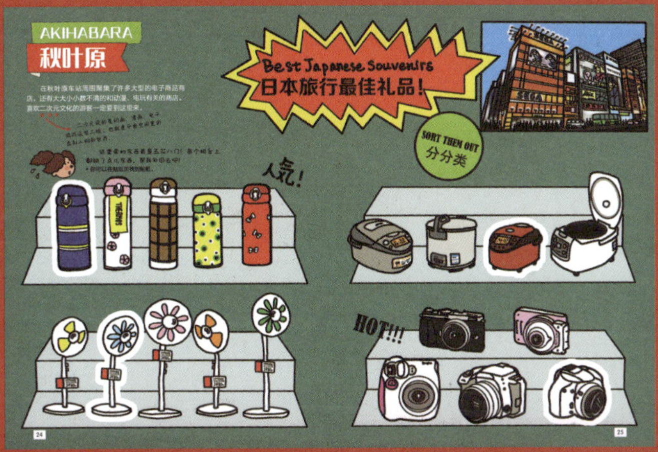

P34—35

P39

数一数
P12—13
帽子：5顶
墨镜：4副
雨伞：4把

P22
：3个
：6个
：4个

P37
：3双
：1副
：7个

第14、15、17、18、19、26、28、29、36及38页没有标准答案，请小朋友自由发挥想象力吧！

OUR HOTEL
我们的酒店

你住的酒店和我的一样是和式的吗？不管怎么说，拍张照片贴在这里留作纪念吧！

OUR JOURNEY
我们的行程

DAY1

DAY2

DAY3

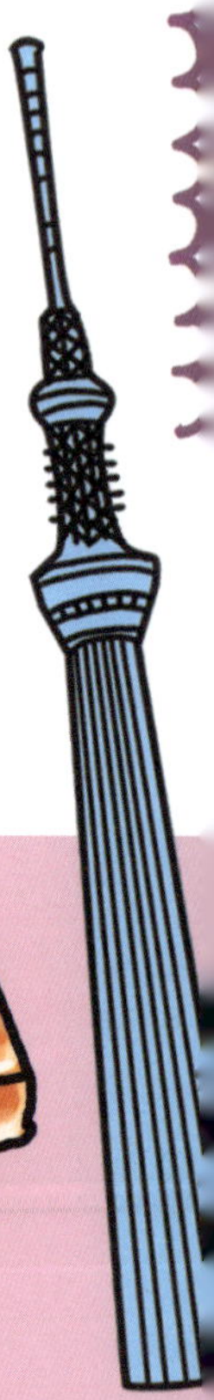

DAY4

DAY5

DAY6

OUR PHOTOS
我们的照片

ATTACH THE PHOTOS HERE
贴照片

照片贴在此处

照片贴在此处

如果去了东京旅行，相信你一定会拍摄不少照片。请你和爸爸妈妈挑选两张最喜欢的照片，贴在这里留作纪念吧！

桃桃看世界

LONDON 伦敦

［新加坡］柳小笛 高露贝 金金姑娘◎编绘

人民东方出版传媒
People's Oriental Publishing & Media
東方出版社
The Oriental Press

编写说明

“世界那么大”，从小就要去看看。《桃桃看世界》是为 3—8 岁的孩子设计的亲子旅行游戏书。

本套书精选了一系列世界热门旅行目的地城市，在每个城市选取有特色的景物或文化风俗，并设计了趣味性的图画、文字和游戏。由“桃桃”“公主姐姐”等人物带领，在日常生活和旅途中，引发孩子对世界的好奇心，获得丰富的知识和阅读乐趣，从而更好地发现和认识世界。

书中预留了大量的画图和文字记录空间，设计了贴照片的互动环节，并且为孩子提供了大量精美的城市景物贴纸，让旅途中的美好瞬间成为永久的成长回忆。

先来认识一下一起陪你旅行的朋友吧！

桃桃：

善良、勇敢，有好奇心的小女孩。喜爱看书，乐于去世界各地旅行。

公主姐姐：

非常优雅，对艺术品和古代文物非常有钻研。每次到博物馆都能看到她的身影。

好奇心奶奶：

对任何事物都充满好奇心，尤其是对新鲜事物和年轻人爱玩的东西。爱凑热闹，迷迷糊糊的。

叶子妹妹：

桃桃的跟屁虫，认为桃桃姐姐永远是对的。桃桃做什么，自己也要做什么。

胡子哥哥：

觉得自己留胡子很酷，是个很酷的文艺青年。

地图猫：

执着于看地图找路的传统绅士猫，不喜欢现代导航设备，但是方向感并不好。最后每次都需要别人帮忙。

慢跑阿姨：

在每个城市都有她运动的身影和足迹。跑遍全世界是她的梦想。

泳帽鸟：

橙地儿白条儿泳帽是他的标志。热爱水上运动。有洁癖。

目录

LONDON

伦敦 123

地理概况

伦敦，大不列颠及北爱尔兰联合王国的首都。什么，你没有听说过大不列颠及北爱尔兰联合王国？哈哈，其实它就是英国啦。英国是大不列颠及北爱尔兰联合王国的简称。

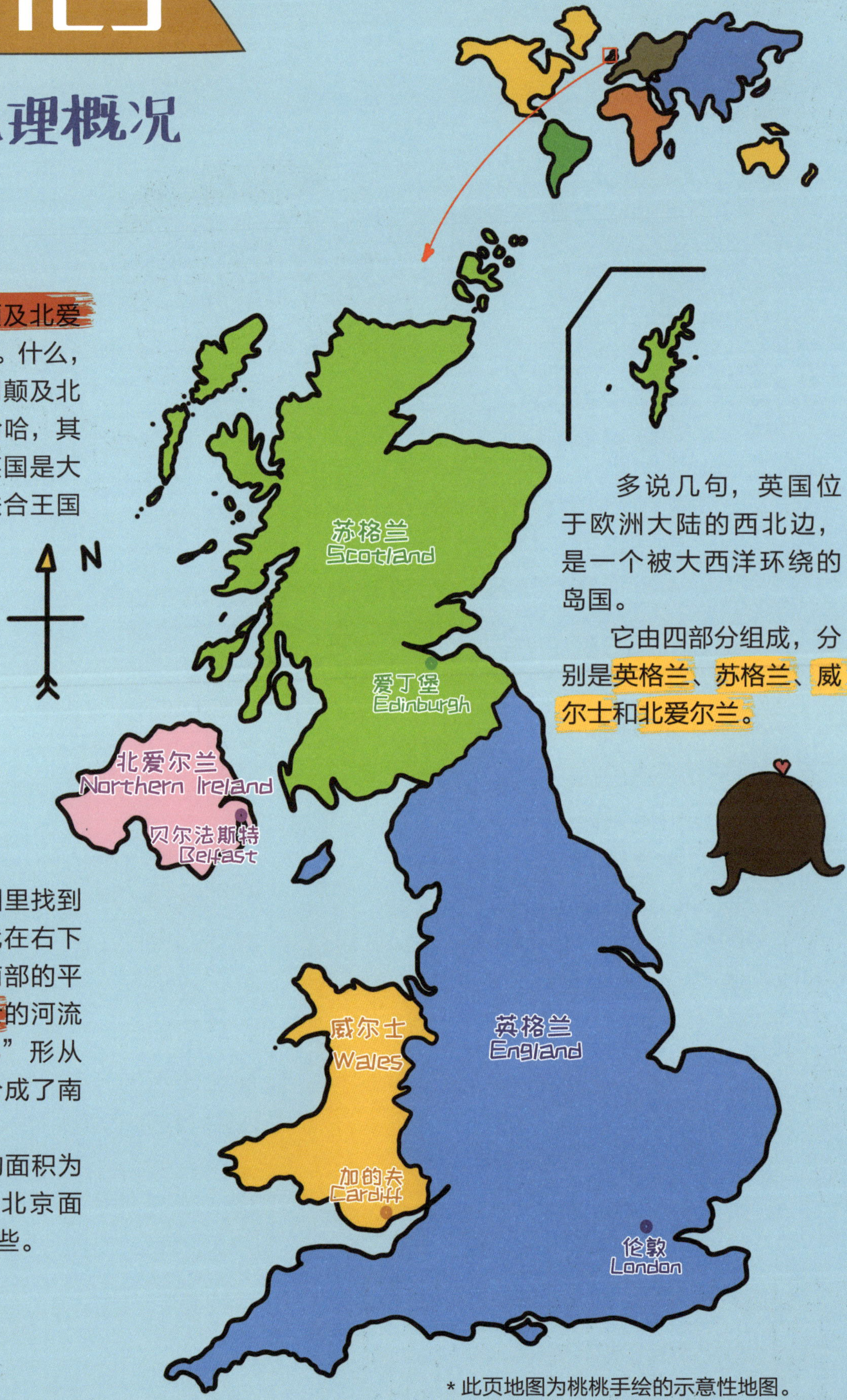

多说几句，英国位于欧洲大陆的西北边，是一个被大西洋环绕的岛国。

它由四部分组成，分别是英格兰、苏格兰、威尔士和北爱尔兰。

你在旁边的地图里找到伦敦了吗？对了，就在右下方。那里是英国东南部的平原。有条名叫泰晤士的河流由西至东，好像“S”形从伦敦穿过，把伦敦分成了南北两部分。

大伦敦都会区的面积为1579平方千米，比北京面积的十分之一还小一些。

＊此页地图为桃桃手绘的示意性地图。

气候和人口

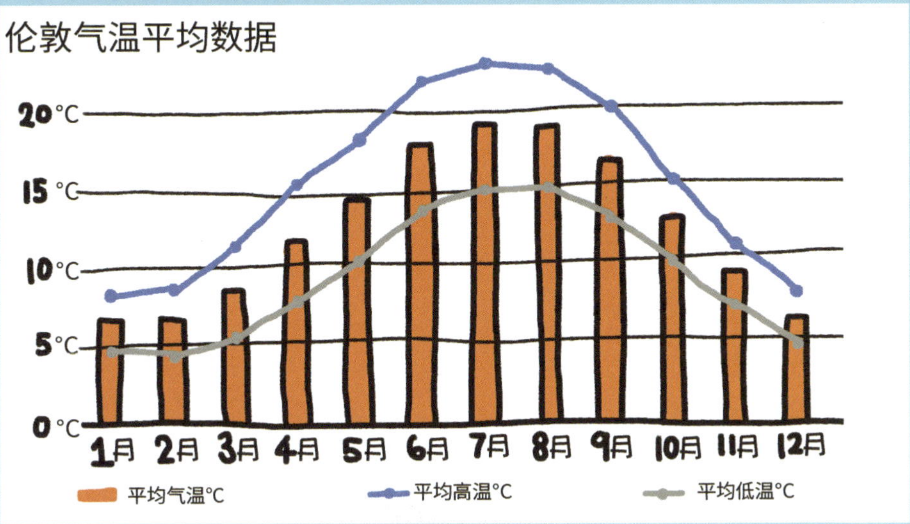

* 数据来自维基百科。

伦敦属于温带海洋性气候，四季的温差没有那么大，夏季的平均高温在24℃左右，冬季的平均低温在6℃左右。

据说，最适宜去伦敦观光的时间是每年的6月到9月。这段时间日长夜短，温度舒适，非常适合户外活动。我们的慢跑阿姨一定特别喜欢。

说得没错儿，宝贝儿！

伦敦的雨

其实伦敦的年降雨量大约为600毫米，一点儿也不算多。但是为什么伦敦会给人多雨的印象呢？这大概是因为伦敦下雨的方式。受西风和北大西洋暖流的影响，伦敦每个月都有降水，而且雨量分布很平均，有时候小雨，有时候中雨，还有时候阵雨，甚至一天当中会下几次雨，所以显得下雨特别多。基于这个情况，我建议你在伦敦晴天出门也最好带把雨伞吧！

伦敦的人口在2016年的时候大概是890万，当中半数以上都是白种人，而第二多的人种就是亚裔了。

你知道吗？伦敦人中大多数信奉基督教，还有人信奉伊斯兰教、印度教、锡克教和犹太教；另外，还有相当一部分人什么宗教信仰也没有。所以，人们说伦敦是一座多元文化融合的大都市。

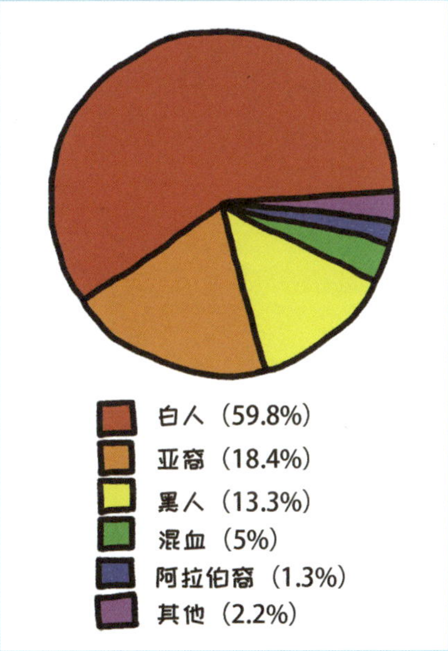

* 数据来自维基百科，2011年数据。

历史大事件

伦敦的历史还算悠久。让我们来看看伦敦历史上的大事件吧！

50 年前后，罗马开始在伦敦建城，给它取名“伦底纽姆”（Londinium），有点儿像伦敦的发音。罗马的统治一直持续到 407 年。

5 世纪开始，盎格鲁—撒克逊人来到伦敦定居。这之后，来自北欧的维京人曾经三次入侵。在 886 年，阿尔弗雷德大帝终于重新收复伦敦。

1066 年，来自法国的诺曼人“征服者威廉”成为英格兰的君主。他在伦敦东部修建了伦敦塔，作为御敌的堡垒。

1348—1349 年，“黑死病”席卷了伦敦，三分之一的人口都在这场可怕的灾难中失去了生命。

1666 年，伦敦发生了一场史上最严重的火灾，全城建筑几乎都被烧毁了，8 万人无家可归。但是在这次伦敦大火中，只有几个人丧生，是不幸中的大幸。

18—19 世纪，伦敦经历了工业革命。一下子，桥梁、医院、博物馆、火车站都建起来了。伦敦成为世界上最大的都市之一。

1940—1941 年是伦敦悲惨的岁月。那个时候，伦敦遭受了纳粹德国的飞机大轰炸。持续密集的轰炸，给伦敦造成了严重的人员伤亡和城市破坏。

2012 年，伦敦举办了第 30 届夏季奥林匹克运动会，成为迄今为止世界上唯一一个举办了三次奥运会的城市。

伟大伦敦的历史车轮还在继续前进……

重要人物

和伦敦相关的著名人物挺多的。在这里给小朋友介绍下面这几位吧！

亨利八世（Henry VIII，1491—1547），18岁即位，在位37年9个月零7天。他在位期间，推行宗教改革，成为英格兰最高宗教领袖，一生娶过六位皇后，把威尔士并入英格兰。好胜、专横大概是人们形容他最多的词吧。

伊丽莎白一世（Elizabeth I，1533—1603），25岁即位，在位44年4个月零5天。她是亨利八世的女儿，终身未嫁。在她的统治下，英国空前繁荣——航海业兴起，军事强大，戏剧、诗歌和文学也取得很多成就，莎士比亚就是那个时代的代表人物呢。所以，她的统治时期被称为英国的“黄金时代”。

温斯顿·丘吉尔（Sir Winston Leonard Spencer-Churchill，1874—1965），1940—1945年和1951—1955年两度担任英国首相。在第二次世界大战中他智慧、果敢、坚毅，领导英国人民最终取得了战争的胜利，是一位了不起的政治人物。不得不提的是，这个爱抽雪茄的胖老头儿在绘画和文学方面也很有造诣。他写的《不需要的战争》还获得了诺贝尔文学奖呢。

戴安娜王妃（Diana，Princess of Wales，1961—1997），英国王储查尔斯王子的第一任妻子，是一位气质高贵，充满爱心，受人爱戴的王妃。她生前积极参与了很多慈善活动——关爱病童、推动废除地雷、出访贫困地区等。人们称呼她是“人民的王妃”“英格兰玫瑰”。

佛莱迪·摩克瑞（Freddie Mercury，1946—1991），皇后乐队（Queen）的主唱，也是乐队的灵魂人物。他不仅唱得好，舞台表演感染力强，而且还特别会写歌。你会唱《我们是冠军》（*We Are The Champions*）这首歌吗？就是足球场上球迷经常大合唱的那一首。这首歌就是他的传世之作。厉害吧？

大卫·贝克汉姆（David Beckham，1975— ），英国有名的足球运动员，出生于伦敦的东部，曾效力于英超曼联，并和队友一起多次获得冠军。除了足球方面的成就，由于他长得非常帅气，又是一位好丈夫、好爸爸，所以他也是传媒和时尚界的宠儿。什么是“宠儿”？问问你的爸爸妈妈吧！

出行交通方式

我地图猫大人出马，伦敦出行交通方式一网打尽，哈哈。

航空

虽然伦敦有八座机场的名字里都有“伦敦”二字，但位于西伦敦的伦敦希思罗机场是伦敦最重要的机场，也是最繁忙的国际机场之一。

地铁

伦敦地铁，被亲切地称为“管子”（The Tube），是全球最古老的地铁。第一条地铁线路从 1863 年便开始运行了。还有，伦敦地铁也是全球第四长的地铁，全线有 270 个站点呢。

巴士

在伦敦乘坐巴士出行，是既方便又便宜的一种方式。伦敦有近万辆公共巴士，700 多条公交线，这么大规模的公交网络在世界上也是名列前茅的。

出租车

伦敦的黑色出租车举世闻名，虽然服务好，但是价格可不便宜。另外，要想在伦敦成为出租车司机也不是一件容易的事——不仅要通过伦敦知识考试，对伦敦市区大街小巷熟记在心，还要通过驾驶、仪容、安全等考试，光考试的费用就高达 1000 英镑呢。我还是不当伦敦的出租车司机了吧……

城中盛事

嘿，如果你准备在下面的时段前往伦敦，强烈建议你参加那时在伦敦举行的活动，一定非常有趣。

Wimbledon Tennis Tournament
温布尔登网球锦标赛

时　　间：每年 6 月或 7 月
地　　点：英国伦敦温布尔登
首届比赛：1877 年
特　　点：唯一的草地网球大满贯比赛，要求比赛选手穿着白色球衣。

The Promenade Concert
逍遥音乐节

时　　间：每年 7 月到 9 月间
地　　点：皇家阿尔伯特音乐厅
首次举办：1895 年
特　　点：站着欣赏的古典音乐会；音乐节期间每天都有多场演出，票价低廉。

Notting Hill Carnival
诺丁山狂欢节

时　　间：每年 8 月的最后一个周末
地　　点：英国伦敦诺丁山
首次举办：1964 年
特　　点：欧洲最盛大的夏日狂欢盛事，以加勒比和非洲地区的文化为主题。

BFI London Film Festival
伦敦国际电影节

时　　间：每年 10 月
地　　点：全城各大电影院
首次举办：1957 年
特　　点：1978 年的最佳影片是上海美术电影制片厂的《大闹天宫》。

MAP 手绘地图

英国作家塞缪尔·约翰逊曾经说："当你厌倦了伦敦，也就厌倦了生活。"虽然这句话是在200多年前说的，但时至今日，我们依然可以用它来形容伦敦的丰富多彩。

伦敦繁华、时尚，还有浓厚的历史文化底蕴……绝对是世界上最有魅力的城市之一！

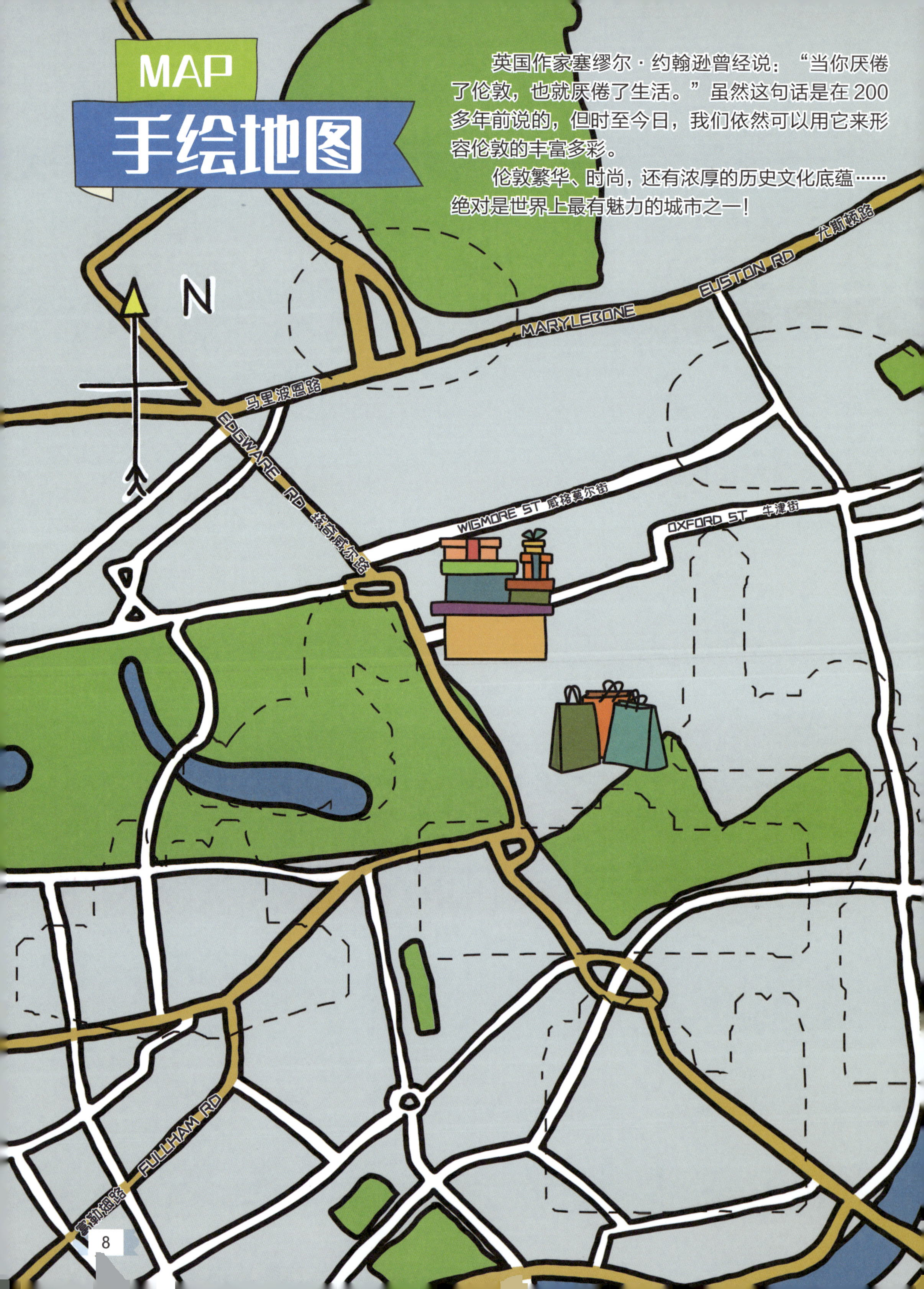

I LOVE LONDON

这就是伟大的伦敦！你准备好了吗？找到你打算游览的地方，在它们的位置上贴上贴纸，好吗？

* 本地图仅为展现伦敦文化标志及地标建筑相对位置的示意性地图。

* 你可以在贴纸页找到贴纸。

BIG BEN
大本钟

大本钟，又叫大笨钟，是1859年建成的。这座闻名遐迩的哥特式钟楼紧邻泰晤士河，坐落于议会大厦的东面，可以说是当之无愧的伦敦地标。

我的感觉就是高耸的，不对称的，给人一种神秘感的，让人觉得很崇高的那种建筑样式。

哦，这就是大本钟了？按数字顺序连线，你就能看到它的样子了。

它都160多岁了，可是依然运转……基本正常。

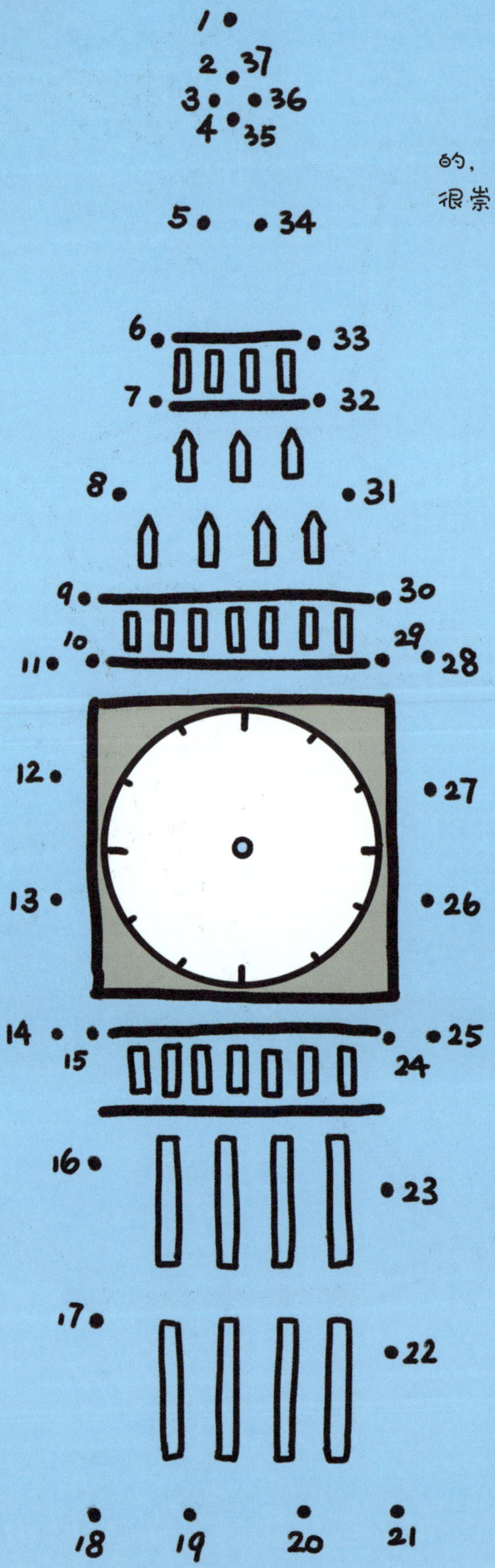

JOIN THE DOTS
连连线

BUCKINGHAM PALACE
白金汉宫

白金汉宫是英国女王在伦敦的办公室，也是她在伦敦的住所。很多重大的庆典和王室重要的活动都在这里举行。它是当今世界上为数不多的仍在使用的王室皇宫，当然也就成了伦敦重要的观光目的地。

来到白金汉宫一定要欣赏皇家卫队换岗仪式。左图和右图共有五处不同，你能全部找出来吗？

SPOT THE DIFFERENCES
找不同

ST. JAMES'S PARK
圣詹姆斯公园

圣詹姆斯公园就在白金汉宫边上，历史悠久，地理位置得天独厚。公园中有一个湖——圣詹姆斯公园湖，还有两座岛——鸭岛和西岛。

Swan
天鹅 ____ 只

Pelican
鹈鹕 ____ 只

Mallard
绿头鸭 ____ 只

这个公园虽然不大，但是真的挺好玩的，不但可以看到好多我的同类朋友，还可以荡荡秋千。

HOW MANY
数一数

WESTMINSTER ABBEY

威斯敏斯特教堂

威斯敏斯特教堂是英国最重要的教堂，在 1065 年的时候就建成了。这里安葬着自亨利三世之后几乎所有的君主，同时还是很多英国名人的安葬之地，比如，牛顿、狄更斯、达尔文等。

牛顿，就是那位因为看见苹果落地而产生灵感，提出万有引力的伟大物理学家。

狄更斯写了很多著名的小说，《雾都孤儿》《远大前程》《大卫·科波菲尔》都好看极了。

达尔文这位大生物学家的主要观点就是物竞天择、适者生存。他有本著名的书叫《物种起源》。

这里最近一次发生的大事应该是王子的婚礼了吧？

王妃真漂亮！你愿意给他们涂上颜色吗？

第15页

第18页

第27页

第29页

第32—33页

第39页

贴纸页 STICKERS

第8—9页

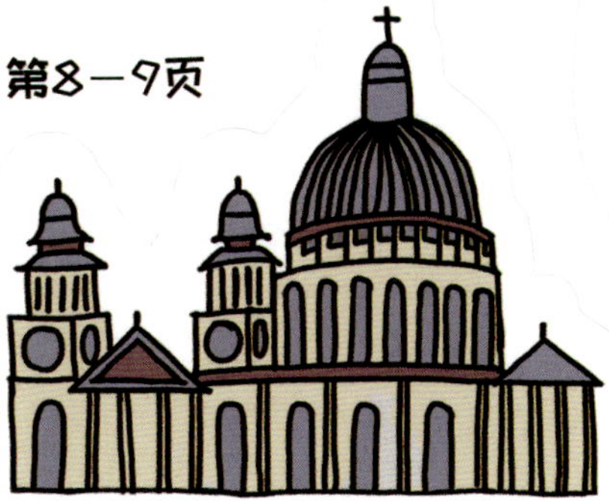

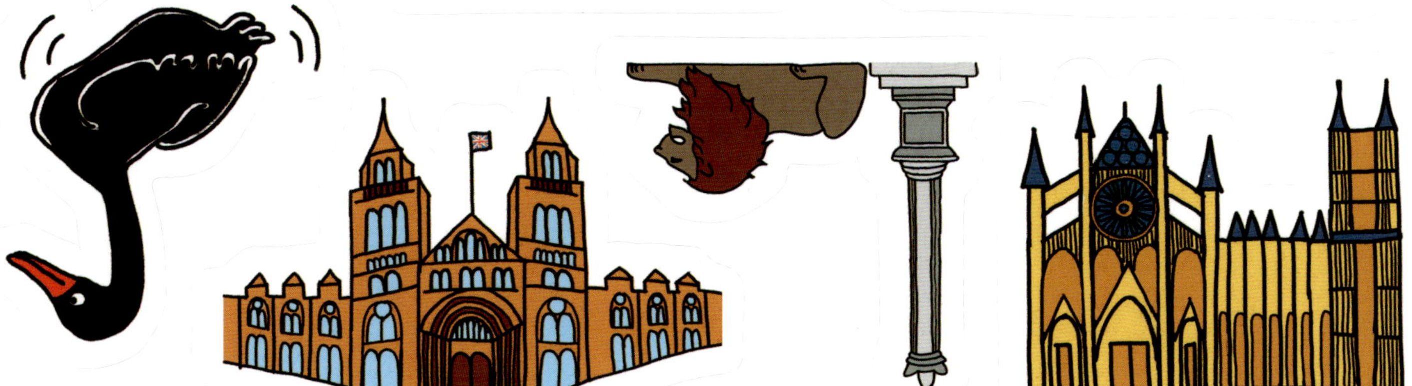

第16—17页

ENGLISH BREAKFAST

英式早餐

传统英式早餐一定要有培根、香肠、鸡蛋、番茄、焗豆、蘑菇和吐司。当然如果你愿意，还可以加上黑布丁，也就是猪血灌制的香肠。这样的搭配已经有好几个世纪的历史了。

我就不放黑布丁了。你喜欢吃英式早餐吗？不管怎么样，请你把下面这盘英式早餐里还缺少的食物放进盘子吧！哦，你还可以把你对英式早餐的感觉和看法记录在下面的空白处。

* 你可以在贴纸页找到贴纸。

写点儿什么：

BRITISH MUSEUM
大英博物馆

大英博物馆被称为世界级五大博物馆之一。1759 年的时候开始对公众开放，供大家参观。这里的藏品包罗万象，种类繁多，数量惊人，真是名副其实的博物馆！

其余的四座博物馆是法国的卢浮宫、美国的大都会艺术博物馆、俄罗斯的冬宫和我们国家的故宫博物院。

这里太大了，参观一整天都不够。我长大了还得来，你呢？哦，对了，展架上少了一些展品。请帮忙把缺少的展品按类别摆放回去吧！谢谢！

* 你可以在贴纸页找到贴纸。

SORT THEM OUT 分分类

ST. PAUL'S CATHEDRAL

圣保罗大教堂

GET YOUR REWARD 得奖励

圣保罗大教堂是世界第二大圆顶教堂。它的圆顶直径34米，高111米。大教堂是克里斯多佛·雷恩爵士设计的，花了35年时间修建，在1710年完工。后来虽然历经了多次战火，但依然幸存至今。

站在圣保罗大教堂的穹顶可以欣赏到美丽的伦敦市区。你是自己爬上穹顶的吗？如果是，爸爸妈妈肯定会奖励你一个漂亮贴纸的。

* 你可以在贴纸页找到贴纸。

嗯，要是你还没来得及去伦敦，但也想要奖励贴纸的话，就试着告诉爸爸妈妈圣保罗大教堂的圆顶直径是多少米，还有它是在哪年建成的。别看上面的介绍文字哟。我相信他们一定会给你贴纸，并给你一个大大的拥抱的。

写点儿什么：

可以把奖励贴纸贴在这里！

SHAKESPEARE'S GLOBE THEATER

莎士比亚环球剧场

最初的环球剧场是由威廉·莎士比亚所在的剧团于 1599 年建造的，但是在 1642 年，由于种种原因关闭了。直到 1997 年，一座仿造的环球剧场在距离原址 205 米左右的地方落成了，为的是再现莎士比亚时代环球剧场的原貌。

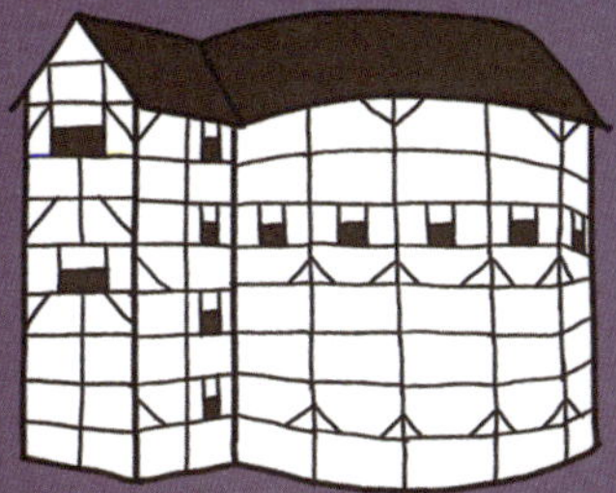

莎士比亚先生，请问您觉得我表演得还行吗？小朋友，你能帮我布置一下舞台吗？

TOWER OF LONDON

伦敦塔

伦敦塔是伦敦最受欢迎的旅游目的地之一。这里曾被作为英国皇室居住的宫殿，后来它的用途多得令人难以置信，比如，军事堡垒、军械库、国库、铸币厂、天文台、公共档案办公室、动物园、避难所，甚至还有监狱和刑场。

PAIR THEM UP
找对应

HYDE PARK 海德公园

海德公园是伦敦最大的皇家庭院。公园里有湖泊供游人泛舟，有著名的演讲角让人发表演说，还有各式各样的雕塑纪念碑，以及种类繁多的树木花草。

这个公园太大了。我要从演讲角去戴安娜纪念喷泉。请帮我画出路线吧！

* 本迷宫不可做地图使用哦！

TRAFALGAR SQUARE

特拉法加广场

DRAW & PAINT
画画并涂色

每逢庆祝、集会，伦敦市民肯定都会来特拉法加广场。广场上竖立了一座纳尔逊纪念柱，用来纪念拿破仑战争中的海军将军纳尔逊。石柱下面有四头雄狮，样子非常威武。

拿破仑战争就是 19 世纪初的那十几年在欧洲发生的一系列战争。各个国家在这场战争中损失都很惨重。

好多人都在这里拍照留念。请你在上面的空白处画出你和爸爸妈妈的样子，就好像你们也在广场上拍了张照片吧！

RIVER THAMES
泰晤士河

写点儿什么:

泰晤士河是英格兰最长的河流，全长 346 千米。在伦敦的那部分河段把伦敦分成了南北两部分。河两岸遍布了伦敦最知名的旅游景点。通过乘坐游船的方式刚好可以把这些景点一网打尽。

HOW MANY 数一数

来到伦敦怎能不游泰晤士河？在下面的图中，数一数你看到了 ____ 艘船，____ 只水鸟，____ 座桥。

当然，当你坐上游船时，也可以数一数看到了几艘船，几只水鸟，几座桥……

LONDON BUS & TAXI

双层巴士和出租车

PAIR THEM UP

找对应

红色的双层巴士和黑色的出租车是伦敦最具代表性的两种交通工具。在第二次世界大战之后，它们相继出现在伦敦街头。它们为伦敦市民和游客提供了方便和专业的服务，使得人们一提起伦敦就会想到它们的样子。

我在伦敦的大街上老能看见它们，你呢？你能把左边的车辆同右边的阴影正确地连上线吗？

AFTERNOON TEA
下午茶

喝下午茶这个习惯，从英国维多利亚时代就开始风行了。下午茶不仅仅有茶，还有各式好吃的点心。一边喝茶，一边吃点心，一边和朋友聚会聊天是英国人最普通不过的社交方式。

维多利亚时代指1837年至1901年维多利亚女王统治英国的那段时期。那时候，英国是世界上数一数二的国家。

正式的下午茶点心会被放在三层架上：最下面是各种三明治，中间是英国传统点心司康饼，而最上层是小蛋糕、水果塔这样的小甜点。品尝的时候按从下层到上层的顺序，口味由咸到甜，由淡到浓。

下午茶的点心真好吃。请你帮我把三层架摆满吧！要按照上面介绍文字中说的方法分类摆哟！

* 你可以在贴纸页找到贴纸。

SORT THEM OUT
分分类

ROYAL GREENWICH OBSERVATORY
格林尼治皇家天文台

格林尼治皇家天文台，坐落在伦敦东部格林尼治镇的一个小土丘上。虽然现在它已经没有天文台的功能了，但是经过这里的零度子午线，依然是游人们争相前往的原因——大家都希望横跨这条子午线，一脚在东半球，一脚在西半球来拍照呢。

MAZE MASTER 走迷宫

到格林尼治皇家天文台要走一段路。胡子哥哥、好奇心奶奶、慢跑阿姨，还有桃桃，他们当中，究竟谁能走到天文台呢？

THE NATIONAL GALLERY
国家美术馆

国家美术馆就在特拉法加广场的北边，创建于 1824 年。美术馆藏有 13 世纪到 19 世纪末来自欧洲各地的 2300 多幅精美画作。特别需要指出的是，这里对公众是免费开放的。

我最喜欢这里。下面是我做的国家美术馆宣传手册的一部分，有两幅画的贴纸我还没贴好，你能帮我把它们贴过来吗？

让爸爸妈妈给你讲讲这些画的故事。

STICK THEM ON
贴贴纸

* 你可以在贴纸页找到贴纸。

《向日葵》——文森特·凡·高

《安涅尔浴场》——乔治·修拉

《女人像》——阿莱索·巴尔多维内蒂

《惊马》——乔治·斯塔布斯

ZSL LONDON ZOO

伦敦动物园

PAIR THEM UP
找对应

伦敦动物园是世界上最古老的科学动物园，迄今有近 200 年的历史了。动物园的工作人员希望伦敦动物园能让大众了解动物，接触动物，关心动物。而这里也确实成了孩子们，甚至是童心未泯的大人们和动物交朋友的好去处。

如果你来到伦敦动物园，就一定能帮这些动物找到它们的尾巴了。试着连上线吧！

NATURAL HISTORY MUSEUM

自然历史博物馆

英国自然历史博物馆里藏有 7000 万件左右的自然科学标本。其中很多的藏品都具有非凡的科学历史价值，比如，侏罗纪时期的恐龙化石、达尔文研究进化论时采集的标本等。

这里有好多这种动物的骨骼和模型啊！

请按各组字母里的数字顺序连线，你就会知道这个庞然大物究竟是什么了。

写点儿什么：

JOIN THE DOTS
连连线

TOWER BRIDGE
伦敦塔桥

1894 年便开始使用的伦敦塔桥横跨泰晤士河，就像一位处事不惊的老人，见证了伦敦 100 多年的历史。

伦敦塔桥的上层是最受游客欢迎的玻璃步道。它的下层桥面是行人和车辆通过的道路。但是当河中有大船通过时，桥身便会从中间分开，向上折起，供船只通行，场面非常壮观。

这里可是伦敦最有名的地方……之一。帮我把更多的船和鸟贴过来，让这里更美丽吧！

*你可以在贴纸页找到贴纸。

LONDON EYE
伦敦眼

伦敦眼是为了庆祝 2000 年的到来而修建的。原本的计划是使用 5 年后就拆掉它。可没想到它太受大家欢迎了，最终政府决定保留它。事实证明，这个决定绝对正确——直到现在，它依然是伦敦最受游客喜欢的景点之一。

BAKER STREET
贝克街

福尔摩斯是侦探小说家柯南·道尔笔下的人物，是个无所不能的传奇侦探。

贝克街 221B 号是举世闻名的大侦探福尔摩斯居住的房子。虽说这是小说中设计的背景，现实生活中门牌 221B 也并不存在，但现在设立在此的福尔摩斯博物馆采用了这个门牌，向我们的大侦探致敬，使这里成了全世界福尔摩斯迷心驰神往的地方。

这里高度还原了小说中福尔摩斯居住的场景。上图和下图的房间共有五处不同。你也来当当侦探，把不同的地方圈出来吧！

SPOT THE DIFFERENCES
找不同

WINDSOR CASTLE
温莎城堡

DRAW & PAINT
画画并涂色

鼎鼎大名的温莎城堡位于伦敦以西的温莎镇。它的历史可以追溯到威廉一世时期。直到现在，英国女王每年都还会来这里住上一段相当长的时间。

去温莎的时候别忘了看看圆塔上的旗子。如果是君主旗，表示女王当时就在温莎；如果是英国的国旗，那么女王就不在。请在下面的空白处画上你为英国女王设计的君主旗帜吧！说不定她会喜欢！

MARBLE ARCH
大理石拱门

大理石拱门位于牛津街西端的一个环岛上，几乎正对着海德公园的演讲角。它原本是为白金汉宫改建时设计的一座大门，但后来被移到现在这个地方。

小鸽子喜欢我的饼干渣。小鸽子，慢慢吃，排好队，大家都有份！请你们帮我数数一共有多少只鸽子围着我。

HOW MANY
数一数

TELEPHONE BOOTH
电话亭

COLOR IT IN
涂颜色

伦敦的电话亭绝对是一个经典的设计。它的第一版造型在1926年就开始大规模地在伦敦使用了。后来虽然也改过不少版本，但是基本样式、风格都没有改变。

现在大家都有手机了，几乎不再有人使用电话亭了。但是我可不想这么有历史、有特色的电话亭在伦敦街头消失。

SHOPPING AT HAMLEYS

哈姆雷斯购物

SORT THEM OUT
分分类

哈姆雷斯玩具店绝对是孩子们的梦幻乐园。它的旗舰店在摄政街，是世界上最大的玩具店。这里共七层，有一万多种玩具呢。远远地，你就会不断看到有行人拿着哈姆雷斯的购物袋满载而归。

这里有好多玩具呀！把架子上空缺的玩具放回去吧！

* 你可以在贴纸页找到贴纸。

JIG SAW PUZZLE | **SOFT TOYS** | **TRANSPORTATION**

HERE ARE THE ANSWERS
答案在这里

贴贴纸
P8—9

P29

连连线
P10

P31

找不同
P11

P35

分分类

P16—17

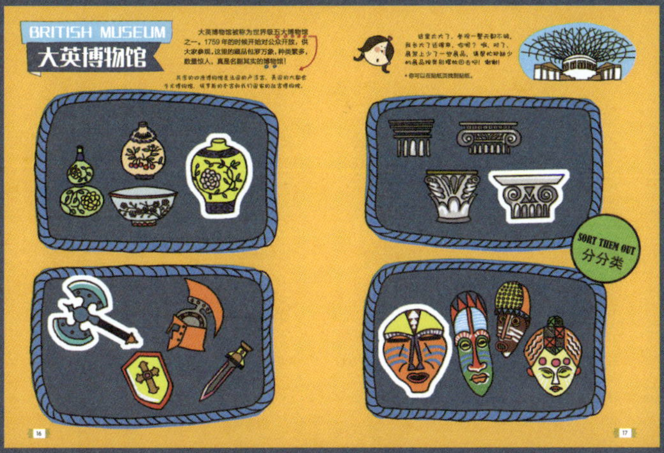

P27

P39

找对应

P20—21

P26

P30

走迷宫

P22

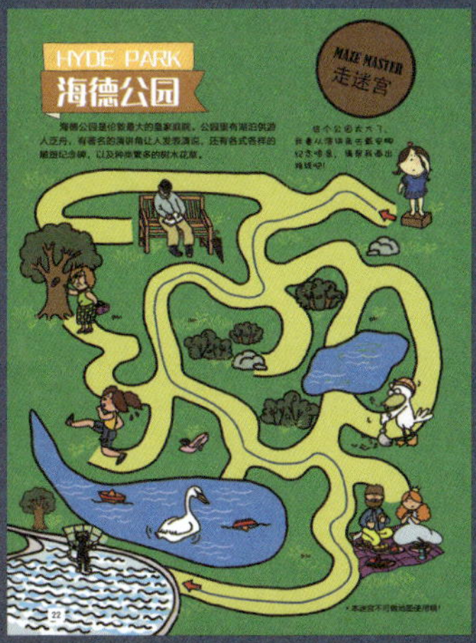

P28

数一数

P12—13

天鹅：5只

鹈鹕：4只

绿头鸭：3只

P24—25

船：5艘

水鸟：4只

桥：2座

P37

鸽子：10只

第14、15、19、23、32、33、34、36及38页没有标准答案，
请小朋友自由发挥想象力吧！

OUR HOTEL
我们的酒店

ATTACH THE PHOTOS HERE
贴照片

你住的酒店什么样？ 拍张照片贴在这里留作纪念，如何？

OUR JOURNEY
我们的行程

DAY1

DAY2

DAY3

DAY4

LONDON

DAY5

DAY6

OUR PHOTOS
我们的照片

ATTACH THE PHOTOS HERE
贴照片

照片贴在此处

照片贴在此处

如果去了伦敦旅行，相信你一定会拍摄不少照片。请你和爸爸妈妈挑选两张最喜欢的照片，贴在这里留作纪念吧！

桃桃看世界

DUBAI 迪拜

[新加坡] 柳小笛 高露贝 金金姑娘◎编绘

人民东方出版传媒
People's Oriental Publishing & Media
東方出版社
The Oriental Press

编写说明

“世界那么大”，从小就要去看看。《桃桃看世界》是为 3—8 岁的孩子设计的亲子旅行游戏书。

本套书精选了一系列世界热门旅行目的地城市，在每个城市选取有特色的景物或文化风俗，并设计了趣味性的图画、文字和游戏。由“桃桃”“公主姐姐”等人物带领，在日常生活和旅途中，引发孩子对世界的好奇心，获得丰富的知识和阅读乐趣，从而更好地发现和认识世界。

书中预留了大量的画图和文字记录空间，设计了贴照片的互动环节，并且为孩子提供了大量精美的城市景物贴纸，让旅途中的美好瞬间成为永久的成长回忆。

先来认识一下一起陪你旅行的朋友吧！

桃桃：

善良、勇敢，有好奇心的小女孩。喜爱看书，乐于去世界各地旅行。

公主姐姐：

非常优雅，对艺术品和古代文物非常有钻研。每次到博物馆都能看到她的身影。

好奇心奶奶：

对任何事物都充满好奇心，尤其是对新鲜事物和年轻人爱玩的东西。爱凑热闹，迷迷糊糊的。

叶子妹妹：

桃桃的跟屁虫，认为桃桃姐姐永远是对的。桃桃做什么，自己也要做什么。

胡子哥哥：

觉得自己留胡子很酷，是个很酷的文艺青年。

地图猫：

执着于看地图找路的传统绅士猫，不喜欢现代导航设备，但是方向感并不好。最后每次都需要别人帮忙。

慢跑阿姨：

在每个城市都有她运动的身影和足迹。跑遍全世界是她的梦想。

泳帽鸟：

橙地儿白条儿泳帽是他的标志。热爱水上运动。有洁癖。

目录

DUBAI

迪拜 123

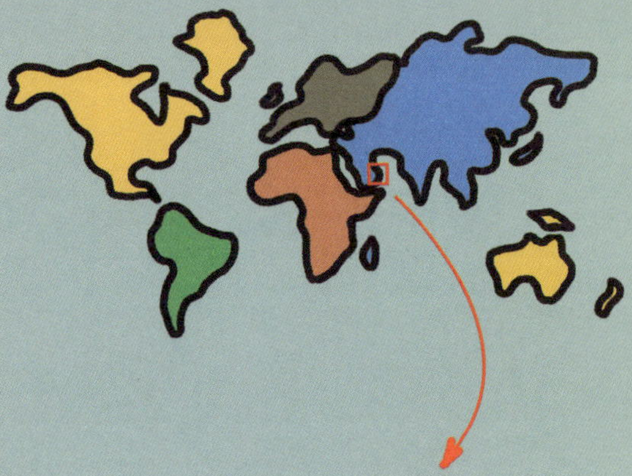

地理概况

迪拜，阿拉伯联合酋长国中迪拜酋长国的首府。阿拉伯联合酋长国又简称为阿联酋。小朋友要注意了，此酋非彼球哟！这个酋是酋长的酋，酋长可以简单地理解为阿拉伯国家的君主。

迪拜这个城市又有沙子又有水。有沙子是因为迪拜坐落在阿拉伯沙漠中；有水是因为迪拜挨着大海，那片海叫波斯湾。哦，对了，还有一条河，叫迪拜河，从迪拜市区流过，将迪拜分为南北两部分。

迪拜酋长国面积约 4110 平方千米，大概是北京的四分之一。其实，它原来也没这么大，好多土地都是填海造地造出来的。最有名的人造土地就是棕榈岛和世界岛了。

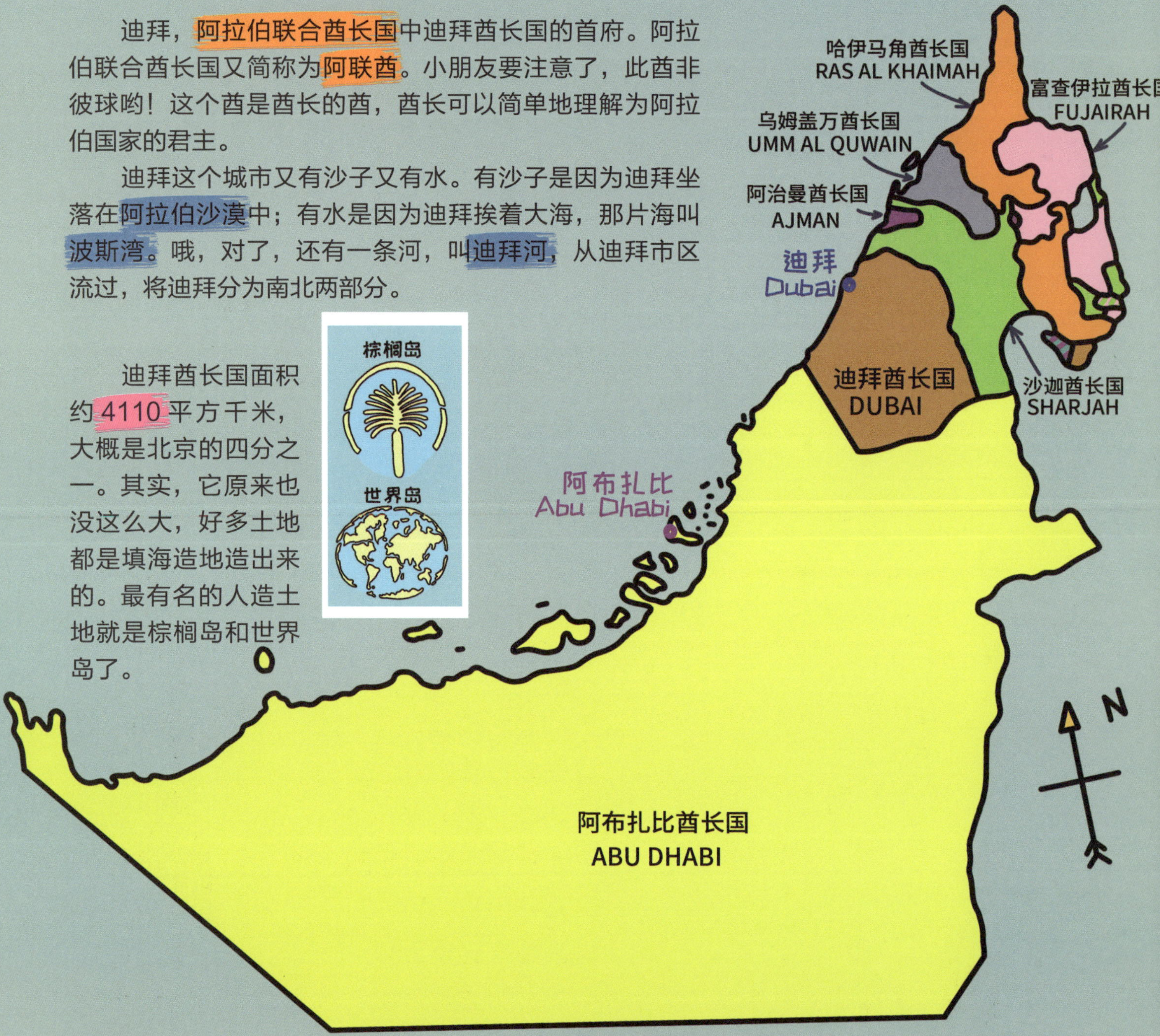

* 此页地图为桃桃手绘的示意性地图。

多说几句，阿拉伯联合酋长国是由七个酋长国组成的。最大的酋长国叫阿布扎比，它的首府也叫阿布扎比，同时也是整个阿联酋的首都。迪拜是第二大的酋长国。其他五个酋长国分别是沙迦、阿治曼、乌姆盖万、哈伊马角和富查伊拉。哎哟喂，这些名字真不好记。

气候和人口

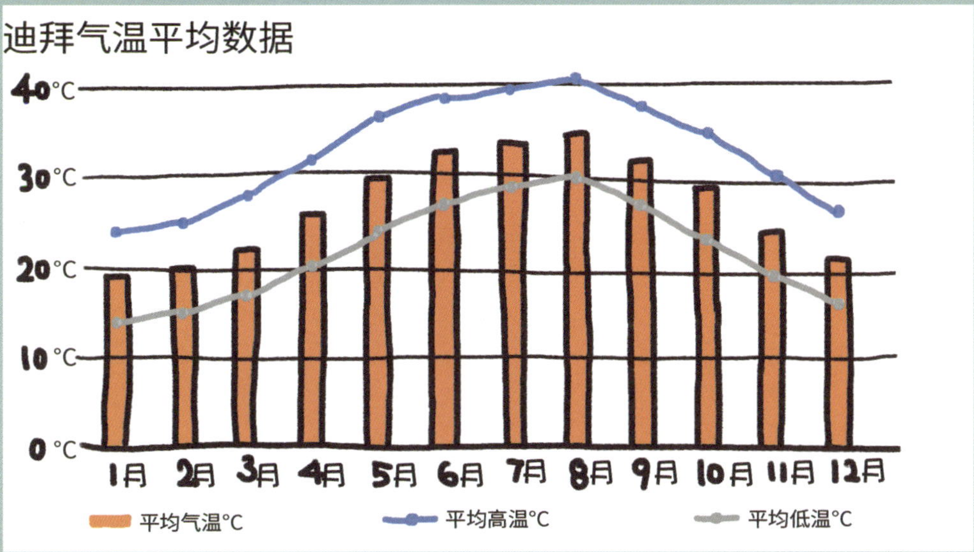

迪拜是亚热带气候，一年只分为两个季节。

4月至10月是夏季，最高气温在40℃以上，再加上湿度高，非常闷热，令人很不舒服。

11月至次年3月是冬季，平均气温20℃左右。想去迪拜玩，就在这段时间去吧。

* 数据来自维基百科。

古老的面罩

迪拜的夏季，烈日炎炎，偶尔也会有沙尘暴侵袭。为了防晒防沙，聪明的阿拉伯人为女士们发明了一种面罩，叫作波卡（Burqa）。波卡通常是用皮子做成的，里面涂上靛蓝，外面涂成金属色，遮住整个面部，只露出眼睛部分。如今，迪拜的老年女性还会经常佩戴波卡。

根据2020年的统计，迪拜的人口大约为340万人，是阿联酋人口最多的酋长国。

一个关于迪拜人口的有趣现象是，如果把在迪拜的总人口分成五份，只有一份是土生土长的阿联酋人，其他四份都是外国人。这些外国人中有很多来自印度、巴基斯坦这样的南亚国家。他们在迪拜当建筑工人、司机、售货员、导游、服务员……所以说，在你的整个迪拜之行中，可能见不到一个真正的迪拜人。

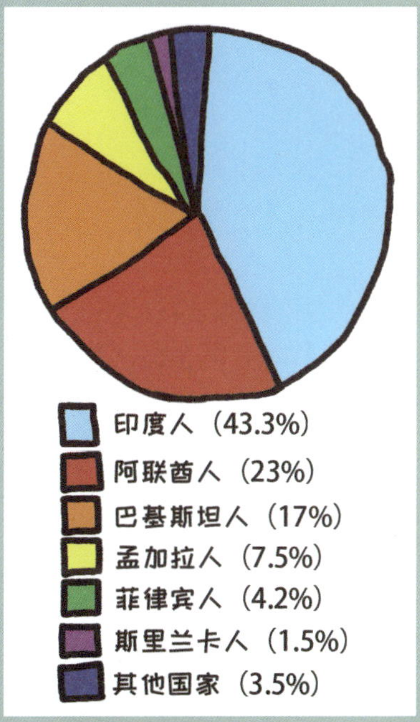

* 数据来自维基百科。

历史大事件

有关迪拜的历史虽然不算多，但是很多历史大事件还是值得说一说的。

1799 年，迪拜开始有村庄出现的记录。

1833 年，阿布扎比的首长纳哈扬家族与马克图姆家族领导的巴尼亚斯部落一起离开阿布扎比，迁居迪拜，并建立了迪拜酋长国。

1900 年前后，迪拜成为它所在地区的贸易中心。当时，好多人都以捕鱼和采珍珠为生。

1959 年，当时的酋长拉希德下令疏通迪拜河长期沉积的淤泥，还把它挖深拓宽。这样，特别大的船只就可以通过迪拜河进入内陆了。

1966 年，迪拜发现了海底油田。因为石油的开采和出口，迪拜一下子变得有钱了。

1971 年，迪拜联合阿布扎比和其他五个酋长国成立了阿拉伯联合酋长国。当时的酋长拉希德成为整个国家的副总统兼总理。

1999 年，迪拜建成了全世界最奢华的酒店——帆船酒店。它号称是当时世界唯一的七星级酒店。

2019 年，迪拜在世界旅游城市发展排行榜中位居第六名。

精彩迪拜的历史车轮还在继续前进……

重要人物

不得不说，在迪拜的知名人物中，王室成员的数量确实多了点儿……

穆罕默德·本·拉希德·阿勒马克图姆（Sheikh Mohammed bin Rashid Al Maktoum，1949— ），2006 年成为迪拜酋长国的酋长，同时开始担任阿拉伯联合酋长国的副总统兼总理。他特别重视迪拜的城市建设和经济发展，雄心勃勃地要在 2021 年把阿联酋建设成为“世界上最好的国家”之一。

哈雅公主（Haya Bint Al Hussein，1974— ），原来是约旦的公主，后来成为迪拜的王妃。哈雅公主毕业于牛津大学，会说 7 种语言，曾经作为马术选手参加过奥运会，还是联合国世界粮食计划署的亲善大使，绝对称得上阿拉伯新女性的代表人物。

穆罕默德·阿拉巴尔（Mohammed Alabbar，1956— ），这位出生在迪拜的商人是世界著名地产公司伊玛尔地产的创始人。你可能不知道伊玛尔地产，但你一定知道哈利法塔和迪拜购物中心，这些工程都是伊玛尔地产的杰作。阿拉巴尔也被列为最有权势的 100 位阿拉伯人之一呢。

哈姆丹·本·穆罕默德·本·拉希德·阿勒马克图姆（Hamdan bin Mohammed bin Rashid Al Maktoum，1982— ），迪拜拉希德酋长的儿子，迪拜的王储。哈姆丹不仅年轻帅气，而且还爱好广泛、多才多艺——写诗、马术、冲浪、排球、赛车……无所不能。

马特·本·拉赫吉（Mattar Bin Lahej，1968— ），迪拜著名的艺术家。他是画家、雕塑家，还是摄影家。自学成才的马特在迪拜拥有一间自己的画廊，他的作品在迪拜街头随处可见。他认为艺术是城市发展的动力源泉。

艾哈迈德·本·穆罕默德·本·哈希尔·阿勒马克图姆（Ahmad bin Mohammad bin Hasher Al Maktoum，1963— ），在 2004 年的雅典奥运会中，这位来自迪拜王室的运动员取得了男子射击双多向飞碟的冠军，这是阿联酋历史上第一枚奥运金牌。

你知道吗？

你注意到阿拉伯人的名字当中常常会出现“Bin”和“Bint”了吗？“Bin”是某某人的儿子的意思，而“Bint”是某某人的女儿的意思。比如，现任酋长：他本人的名字是 Mohammed，他是前酋长 Rashid 的儿子，Al Maktoum 是家族的姓氏。而 Sheikh 是酋长的意思。这样，你就明白他名字的含义了吧！试着解读一下王储和射击冠军的名字吧！

出行交通方式

迪拜，我地图猫大人来了，
让我看看你的出行交通方式。

航空

迪拜国际机场是世界上名列前茅的大型机场。你知道阿联酋航空公司吧？它是迪拜政府经营的一家航空公司；它的航线覆盖世界各地，拥有数量最多的 A380 飞机；迪拜国际机场就是它的枢纽机场。

地铁

迪拜地铁虽然目前只有红、绿两条线路，但是已经覆盖了包括机场、哈利法塔、阿联酋购物中心等游客必到的地点，也算是很方便了。还有一点值得一提，那就是迪拜地铁是无人驾驶的全自动化系统哟。

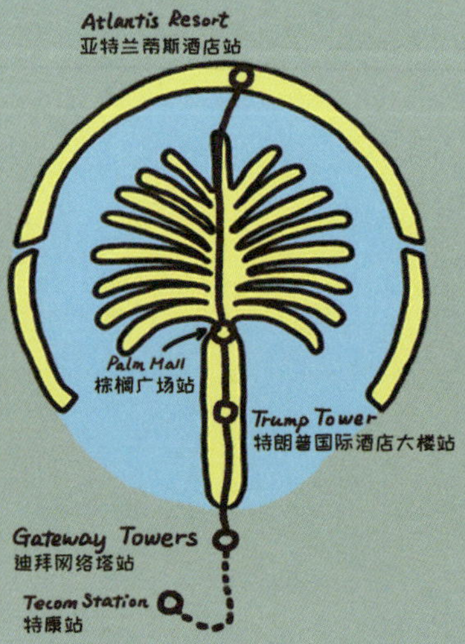

朱美拉棕榈人工岛单轨铁路

这是前往亚特兰蒂斯酒店和棕榈人工岛各站最方便的公共交通工具。要是将来这条单轨铁路能和地铁连接，那么来往棕榈岛就会更加方便了。

阿布拉

阿布拉，迪拜的水上巴士，是一种有棚子的小木船，一般一船可以搭乘 20 个左右的乘客。虽然阿布拉看起来有些破旧，速度也不快，但它却是往返迪拜河两岸最快捷的方式，一般只需要 5—10 分钟就可以到达目的地。要是使用陆路交通，往往要花费 1 个小时呢，一点儿都不夸张。

城中盛事

迪拜一年之中举办的盛大活动真不少。
下面四个是我最想参加的，你有没有兴趣？

DUBAI Shopping Festival
迪拜购物节

时　　间：每年 1 月至 2 月
地　　点：迪拜各大商场
首次举办：1996 年
特　　点：除了各类商品的疯狂打折和大促销，各大商场还会举办抽奖活动、歌舞表演、家庭活动，甚至用烟火秀来吸引顾客。

DUBAI Marathon
迪拜马拉松

时　　间：每年 1 月
地　　点：经过朱美拉古城建筑群
首次举办：2000 年
特　　点：分为 4 公里、10 公里及全程马拉松三个组别；报名费用低廉，但奖金丰厚；赛道平坦、风光宜人，各地选手竞相参加。

DUBAI World Cup
迪拜赛马世界杯

时　　间：每年 3 月最后一个星期六
地　　点：美丹马场
首次举办：1996 年
特　　点：世界上奖金最高的赛马盛会，赛事期间还会评选出最佳着装女士、最佳着装夫妻、最佳帽子等奖项。

National Day Celebrations
国庆日庆祝

时　　间：每年 12 月 2 日
地　　点：迪拜全城各大主要干道、景点及购物中心
首次举办：1971 年
特　　点：穆罕默德 · 本 · 拉希德路上的花车巡游内容精彩纷呈，有剑舞、步操、鼓乐，还有传统服饰展示等，非常值得观赏。

JUMEIRA BEACH ROAD
AL WASL ROAD
阿尔华士
SHEIKH ZAYED ROAD
谢赫·扎耶德路
乌姆苏奎姆街
UMM SUQEIM STREET
赫萨街
HESSA STREET
AL KHAIL ROAD
哈伊路
I LOVE DUBAI

MAP

手绘地图

迪拜是一座令人啧啧称奇的城市。它拥有很多的世界第一：世界第一大、世界第一高、世界第一贵……这让它充满了勃勃生机。难能可贵的是，它同时还保留了阿拉伯传统文化，是一座充满了异域风情的城市。

这就是金光闪闪的城市——迪拜。你和爸爸妈妈做好旅行计划了吗？

把你们打算游览的目的地的贴纸贴在这幅地图上，好吗？

* 本地图仅为展现迪拜文化标志及地标建筑相对位置的示意性地图。
* 你可以在贴纸页找到贴纸。

BURJ AL ARAB JUMEIRAH

帆船酒店

帆船酒店是人们给阿拉伯塔酒店起的昵称，因为它的外形实在太像帆船的风帆了。由于独特的设计、奢华的装潢、高档的服务及昂贵的收费，它被称作世界上第一家七星级酒店。

BURJ KHALIFA
哈利法塔

哈利法塔是迄今为止世界上最高的建筑物，高 828 米，没有谁能比得上它。这座高大的建筑里应有尽有：餐厅、图书馆、酒店、游泳池、健身房……怪不得人们管它叫“垂直之城”呢。

DESIGN YOUR TICKET 设计门票

哈利法塔真是太高了！小朋友，请你在上面的空白处为哈利法塔的观景台设计一张门票吧！请突出“高”这个主题，谢谢！

THE DUBAI FOUNTAIN

迪拜音乐喷泉

HOW MANY 数一数

迪拜音乐喷泉是世界上最大最壮观的喷泉。它的水柱可以喷到 150 米高，相当于 50 层楼那么高。每次表演的时间虽然不长，但随着不同风格的音乐响起，喷泉水柱欢快起舞，时而婀娜，时而雄壮，千变万化，非常壮观。

第27页

第28—29页

第32—33页

第34页

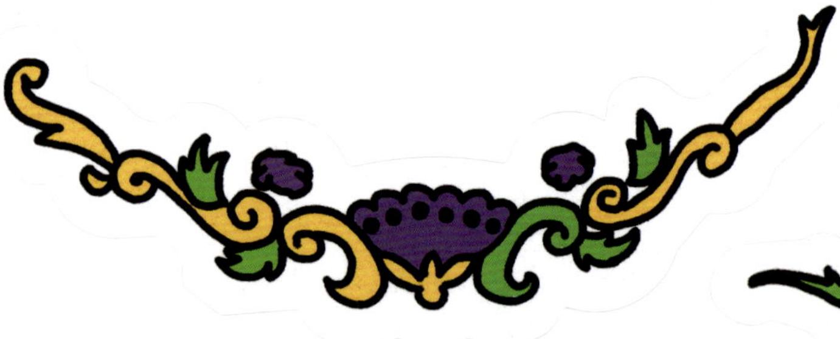

第37页

贴纸页 STICKERS

第8—9页

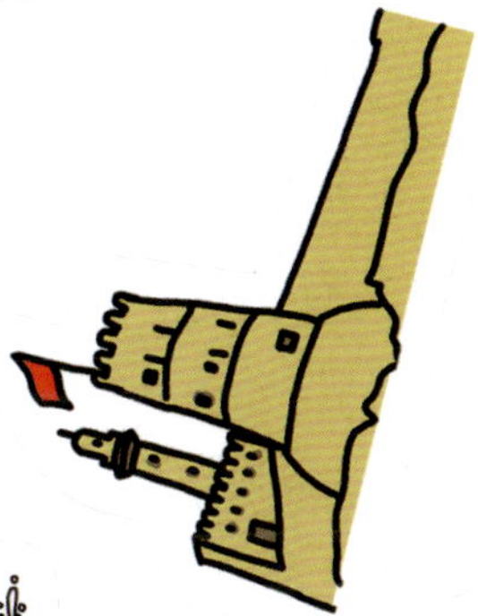

第20—21页

第26页

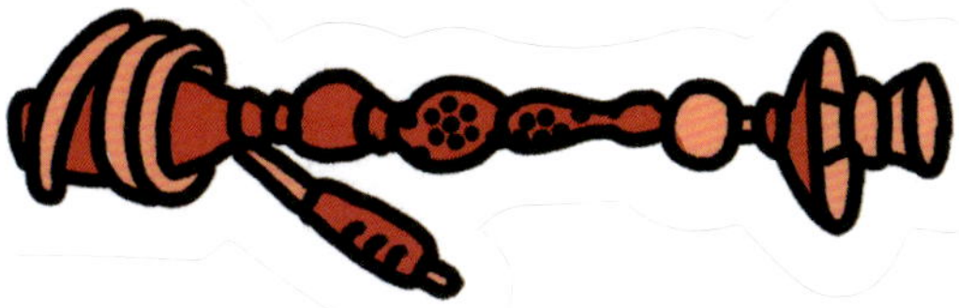

我喜欢这里。音乐喷泉好高好漂亮。瞧那些时髦的人。他们的传统服饰真迷人。帮我数数身穿传统服饰的男士和女士分别有几个人吧！

不知道什么是他们的传统服饰？看看下面的小知识吧！

男士：____人　　女士：____人

小知识：在迪拜，传统的服饰是又长又宽大的袍子加上头巾。这样的穿着既能防止太阳的暴晒，又能遮挡风暴的吹袭，非常好地适应了当地的气候。男士们的标配是各色长袍（Kandoura），外加一条头巾（Ghutra）。传统的 Ghutra 是白色的。而红白相间的头巾是在非正式的场合戴的，在迪拜也很流行。女士们的传统服饰则是黑色的长袍（Abaya）和遮住头部的头巾（Sheila）。

THE DUBAI MALL

迪拜购物中心

MAZE MASTER
走迷宫

迪拜购物中心绝不仅仅是购物中心。这里还有儿童乐园、溜冰场、水族馆、电影院等，花一天的时间都不一定能把它逛完。建议你下载购物中心的应用软件来指示方位，不然你肯定会在 1200 多家商店和 100 多家餐厅中迷失方向的。

我刚刚滑完冰，想去看看这里知名的瀑布。谁能带我去？

DUBAI AQUARIUM &
UNDERWATER ZOO

迪拜水族馆及水下动物园

迪拜水族馆有着世界上最大的观赏幕墙，不用买票就可以看到。通过观赏幕墙可以观赏到奇妙的海底世界。而在水下动物园，你可以看到来自岩岸、海洋、雨林三个不同生态区的动物，还可以和其中的一些动物亲密接触呢。

岩岸就是以岩石为主的海岸。

这里的鱼真美丽。它们好悠闲啊。我可以一直看着它们发呆。请帮我把它们身体的相应部位连上线吧！

PAIR THEM UP
找对应

写点儿什么：

ATLANTIS，THE PALM

棕榈岛亚特兰蒂斯酒店

棕榈岛亚特兰蒂斯酒店坐落在人工棕榈岛上。酒店的布置装修是以传说中的亚特兰蒂斯古国为主题的，充满了神秘的气氛。酒店里有水上乐园、水族馆，还有一个能和海豚一起玩的海豚湾。

传说亚特兰蒂斯古国位于大西洋，有着高度的文明，但在一万多年前突然沉入海底，神秘消失了。

SAND BOTTLE

沙瓶

迪拜在沙漠中崛起，最不缺的就是沙子。充满智慧的工匠们把沙子染上颜色，堆积在玻璃瓶中，用细腻的手法制造出层次，描绘各式各样的画面，这就是沙瓶。

我买了神灯、骆驼玩具和帆船酒店冰箱贴，恐怕没有预算买沙瓶了。但是它好漂亮。画一个它的样子，请你帮我涂颜色吧！谢谢！

写点儿什么：

COLOR IT IN
涂颜色

GOLD SOUK
黄金市场

迪拜黄金市场在迪拜老城区。在不算长的一条街上，聚集着上千家商铺，售卖的黄金珠宝琳琅满目，令人目不暇接。不论你买不买黄金饰品，都应该到这里逛一逛，感受一下这里的气氛。

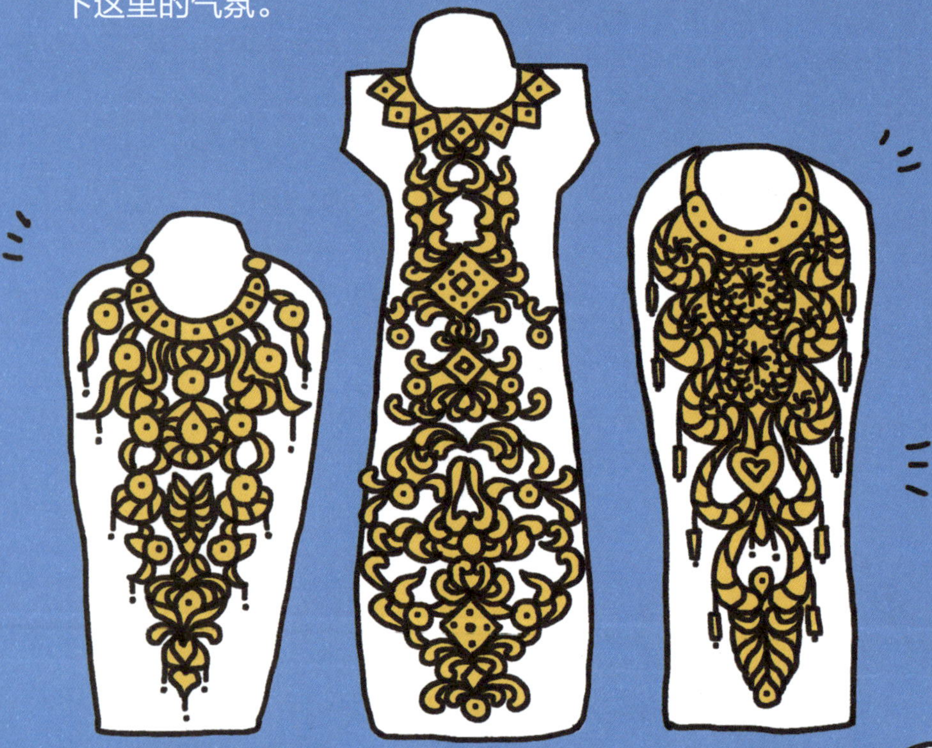

这里真是金光灿灿。快来找找上图和下图中项链的五处不同。不要让假货流入市场！

SPOT THE DIFFERENCES
找不同

DUBAI MIRACLE GARDEN

迪拜奇迹花园

迪拜奇迹花园是一片在沙漠中建起的巨大的户外花园，这本身就是个奇迹了。但是根据迪拜这座城市的个性，奇迹绝不仅仅就是这样。他们用花朵当作材料，堆砌出各式各样的建筑、动物、卡通人物……建造出了一个花朵的梦幻世界，令人啧啧称奇。

这个花园真美。这些花雕的设计者真厉害。你想不想设计一个花雕作品？在下面的画布上试一下吧！说不定，奇迹花园会按照你的设计布置一片花圃呢！

DRAW & PAINT
画画并涂色

SOUK MADINAT JUMEIRAH

朱美拉古城市集

SORT THEM OUT
分分类

朱美拉古城市集其实是一座现代化的购物中心。它按照迪拜古老街头市集的样子，在室内修建了传统的街道和“露天市集”。说实话，这里卖的各种旅游纪念品和传统商品确实有点儿贵，不过在酷热的迪拜，能在空调环境中体验传统市集风情也是不错的。

我竟然在这里迷路了。这么多小巷，这么多店铺，简直看不过来。小朋友，来到这里一定要拉紧爸爸妈妈的手哟。另外，你能帮忙把各个摊位缺少的商品摆回去吗？

* 你可以在贴纸页找到贴纸。

ARABIAN ORYX

阿拉伯大羚羊

阿拉伯大羚羊是阿联酋的国兽。像骆驼一样，它们适应了沙漠干旱的气候。它们从食物中获取水分，白色的皮毛是对日晒最好的防护。大羚羊的环角又长又尖，可以长到 50—75 厘米，是强有力的攻击性武器。遗憾的是，由于非法捕猎，野外的大羚羊已经灭绝。要想看到它们，必须到大羚羊保护区。

HOW MANY 数一数

阿拉伯大羚羊真可爱。脸上的黑斑纹让它显得好憨厚呀，可是头上的长角又让它看起来那么威风。请你帮忙数数这幅图里一共有几只大羚羊，好吗？

ARABIAN CAMEL

阿拉伯骆驼

PAIR THEM UP

找对应

阿拉伯骆驼以跑得快著称，最快可以跑到每小时 65 千米。所以在迪拜，赛骆驼是一项不论是皇室还是老百姓都喜爱的活动。参赛的骆驼从三岁就开始受训，而最佳的“跑手”通常都是母骆驼。

阿拉伯骆驼只有一个驼峰。你仔细观察一下，看看是不是这样。请把可爱的骆驼和它们的影子连上线吧！

Al FAHIDI HISTORICAL NEIGHBOURHOOD

阿法迪历史街区

DRAW & PAINT
画画并涂色

阿法迪历史街区保留了 100 多年前迪拜古老街区的样子。高高的院墙和狭窄蜿蜒的小巷能够在最大程度上为行人提供阴凉。看见图中的风塔了吗？它可以把四面的凉风通过在高处的中空设计引到屋子里来。这个“空调”的设计多么聪明，多么环保啊！

据说，宅子的风塔越多，说明这家人越富有。在下面的空白处画上你的样子，和画中的风塔“合个影”吧！

SPICE SOUK
香料市场

迪拜香料市场离迪拜河不远。蜿蜒曲折的小巷里聚集着大大小小的店铺和摊位，贩卖着各种香料、熏香和传统药材。卖家会竭尽全力地吸引你的注意力。除了买香料，和这里的小贩聊聊天也挺有意思的。

GET YOUR REWARD
得奖励

如果你能在眼花缭乱的货摊上找到下面四种香料，就让爸爸妈妈给你一个奖励贴纸，好吗？和他们比比赛，看谁找得快！

* 你可以在贴纸页找到贴纸。

还没去迪拜就想拿到奖励贴纸？那么就请你跟爸爸妈妈学习一下图中几种香料的英文吧！这样一定可以拿到贴纸！

藏红花
Saffron

肉豆蔻
Nutmeg

八角
Aniseed

肉桂
Cinnamon

可以把奖励贴纸
贴在这里！

ARABIAN DOOR & WINDOW
阿拉伯式门窗

STICK THEM ON
贴贴纸

阿拉伯式门窗上的纹饰非常繁复华丽，但仔细看看，你就会发现其实就是一些几何形状或是植物花纹的反复叠加或是无限延伸。这些纹饰在起到装饰作用的同时，也代表了伊斯兰教对世界的理解和看法。

在迪拜所在的阿拉伯地区，大多数人都信奉伊斯兰教。当然，世界上还有许多地方的人也信奉伊斯兰教，这使得伊斯兰教成为世界三大宗教之一，另外两大宗教是基督教和佛教。

我拍了好多门和窗的照片。不知怎么搞的，有两张照片的一角被剪掉了。能不能请你帮我把它们拼好？

* 你可以在贴纸页找到贴纸。

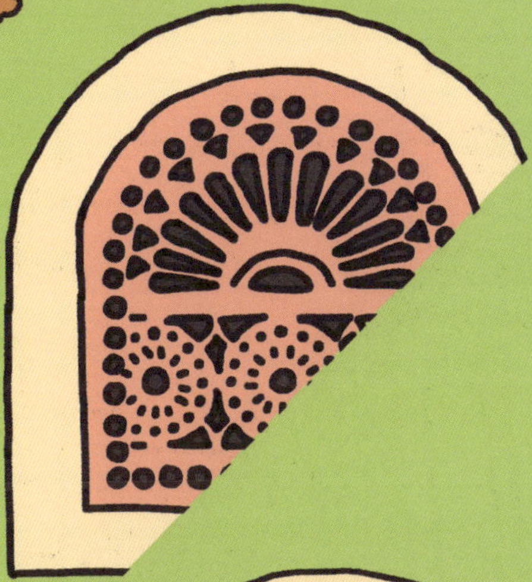

MOSQUE DRESS CODE

清真寺着装

SORT THEM OUT
分分类

清真寺是伊斯兰教的礼拜场所。进入清真寺要穿着适宜的服装，男女最好都穿着宽松的长衣长裤。女士还必须戴上头巾遮住头发。示意图可以作为参考。

每天，这个清真寺都会迎来很多游客。在这幅图里，服装合乎礼仪能直接进入清真寺的人站在了左页（好奇心奶奶的周围）；还需要换衣服的则站在了右页（桃桃的周围）。贴纸页还有两组游客没有站好位置，你能把他们的贴纸贴到对的地方吗？谢谢你！

* 你可以在贴纸页找到贴纸。

在迪拜，对小朋友的着装要求没有那么严格，不过入乡随俗，这是个不错的体验。哎，我的头巾跑到哪里去了？

示意图：

DUBAI MUSEUM
迪拜博物馆

迪拜博物馆修建在阿法迪古堡的建筑里面。这座古堡建于 1787 年，是迪拜最古老的建筑。博物馆向参观者展示了迪拜的历史，绝对是个可以了解迪拜过去的好地方。

在迪拜没有发现石油之前，旁边这项劳作可是迪拜的支柱性产业。按数字顺序连线，你看出来这是怎样一项劳作了吗？在博物馆里，你可以找到关于它的详细演示和说明。我可以告诉你这项劳作的名字。请把这页倒过来看，找一找答案吧！

JOIN THE DOTS
连连线

答案：潜水采珠人，就是潜到海里采捕珍珠的人。

DATE PALM
椰枣树

椰枣是迪拜的特产，迪拜人经常把它与茶和咖啡一起摆上招待客人。椰枣特别甜，也非常有营养，迪拜人还经常用它来烹饪菜肴。如果你来到迪拜，一定别忘了多买几包回去送给朋友们尝尝！

椰枣是这里招待客人的必备之选，我特别爱吃。你知道椰枣树长什么样吗？请你将下面的图画涂上颜色吧！

COLOR IT IN
涂颜色

写点儿什么：

DUBAI CREEK
迪拜河

迪拜河是迪拜的母亲河。为什么这么说呢？早期的迪拜人在河里捕捞鱼类作为食物、采摘珍珠赚钱养家；后来人们又通过迪拜河把货物运到内陆，发展贸易。要是没有迪拜河，也就没有迪拜的今天了。

在迪拜河上你可以看到各式各样传统的船只。你认得它们吗？知道它们的功用吗？将相应船只的贴纸贴在空白处吧！

* 你可以在贴纸页找到贴纸。

阿布拉 (Abra)：迪拜河的传统交通工具。有遮阳的顶棚，人们搭乘它往返两岸。

布姆 (Boom)：用于航驶深海的大货船。

采珠船 (Sambuk): 用于捕鱼或是采珍珠的船只，有很特别的帆。

SORT THEM OUT
分分类

GENIE LANTERN
神灯

STICK THEM ON
贴贴纸

神灯这种叫法应该来自《一千零一夜》中的故事《阿拉丁和神灯的故事》。这种灯的原型就是阿拉伯人在日常生活中使用的油灯。因为《阿拉丁和神灯的故事》里的精灵住在神灯里，还能满足人们的愿望，所以来到阿拉伯地区的人往往都要买一盏神灯带回家，希望带给自己好运。

《一千零一夜》是一本流传于阿拉伯地区的民间故事集，又叫作《天方夜谭》，精彩极了。

摩擦摩擦，神灯的精灵，我想……

等等，先别出来，我还没有确定我的愿望……

小朋友，请先帮我装饰神灯吧，装饰得漂亮点儿哟。也许精灵一高兴就可以满足我更多愿望了！

* 你可以在贴纸页找到贴纸。

写点儿什么：

MALL OF THE EMIRATES
阿联酋购物中心

烈日炎炎的迪拜能有滑雪场？真是让人不敢相信。

在下面的两幅图中，请你帮我找出五处不同吧！

阿联酋购物中心里有一座室内滑雪场。缆车、滑道、跳台、山顶的咖啡屋……全年冰雪覆盖，让人感觉就像真的置身于冰雪世界一样。

SPOT THE DIFFERENCES
找不同

JUMEIRAH MOSQUE
朱美拉清真寺

DRAW & PAINT
画画并涂色

即使你不是伊斯兰教信徒，也可以进入朱美拉清真寺参观。一个叫作谢赫穆罕默德的文化理解中心在这里举办了观光团，介绍伊斯兰风俗和教义，希望能够让不同信仰的人们互相了解，互相包容。

清真寺真美丽。在下面的空白处画出它的圆顶或是尖塔，并涂上颜色吧！

HENNA PAINTING
海娜文身

STICK THEM ON
贴贴纸

海娜文身在迪拜非常普及，女士们常常用海娜颜料来装饰她们的双手双脚。海娜颜料是把散沫花的花叶晒干后，研磨成粉制成的，是天然的染料。

海娜手绘差不多一个星期才掉色呢。希望我回家时，它还没掉，这样我就能给朋友们看了。请你把下面的文身空缺部分补齐吧！

＊你可以在贴纸页找到贴纸。

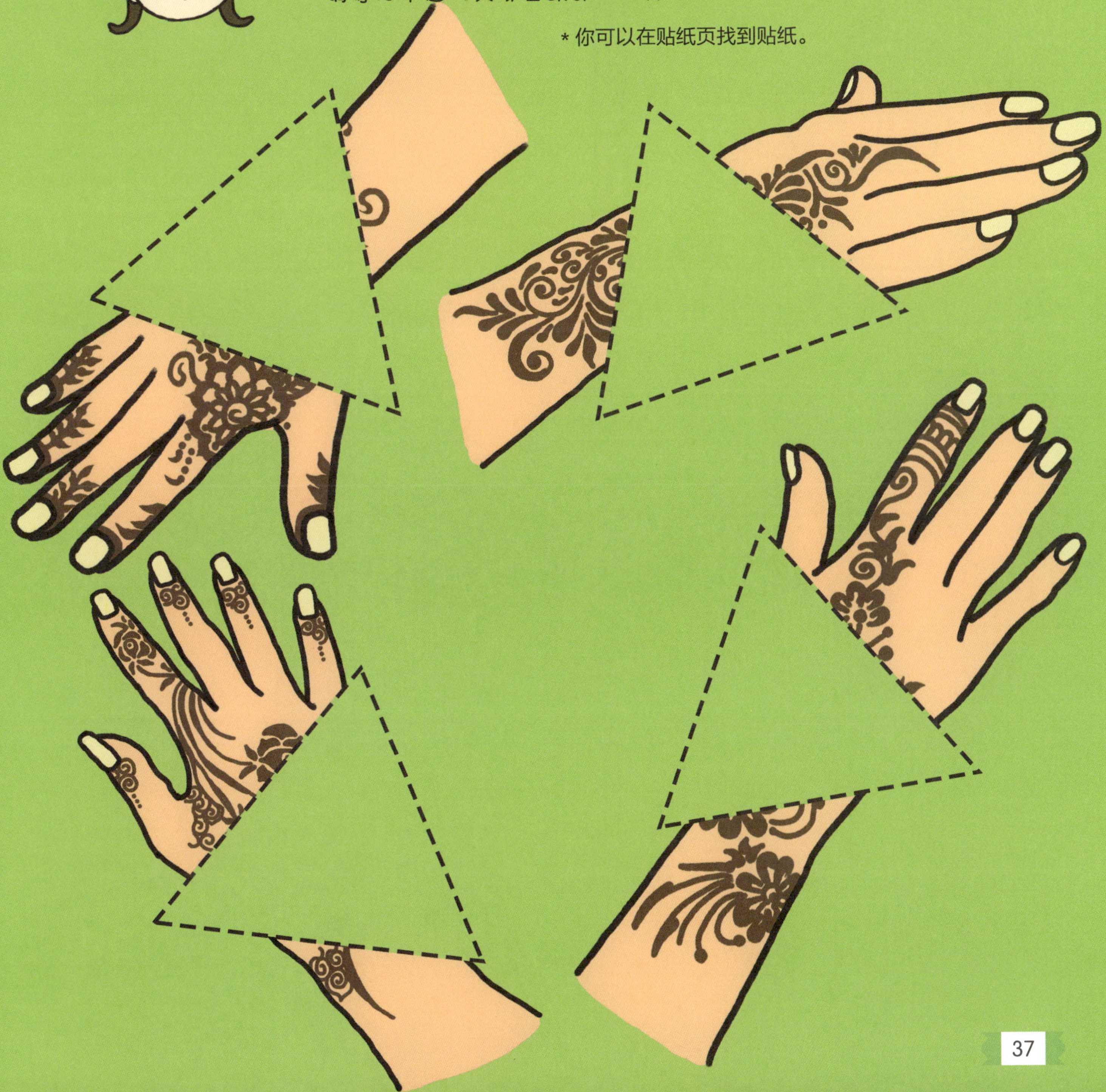

WILD WADI WATERPARK
疯狂维迪水上乐园

MAZE MASTER
走迷宫

疯狂维迪水上乐园太好玩、太刺激了。这里有水上滑梯、各种漂流水道，还有模拟冲浪的设施，在这里待上一天也不会腻。

我们都要去玩超强冲击波水道（Master Blaster）。看看谁选择的路线是正确的吧！

DUBAI ADVENTURE
迪拜历险

喜欢惊险刺激的活动吗？来迪拜就对了！在迪拜，你可以体验跳伞、冲沙、潜水、水上飞行器、热气球……上天入海，任君选择。就问你过瘾不过瘾？刺激不刺激？要不要再来一遍？

PAIR THEM UP 找对应

这些活动看着好刺激，我还是长大了再来玩吧。你知道下面的人分别要进行什么活动吗？请连线吧！

HERE ARE THE ANSWERS
答案在这里

贴贴纸
P8—9

P27

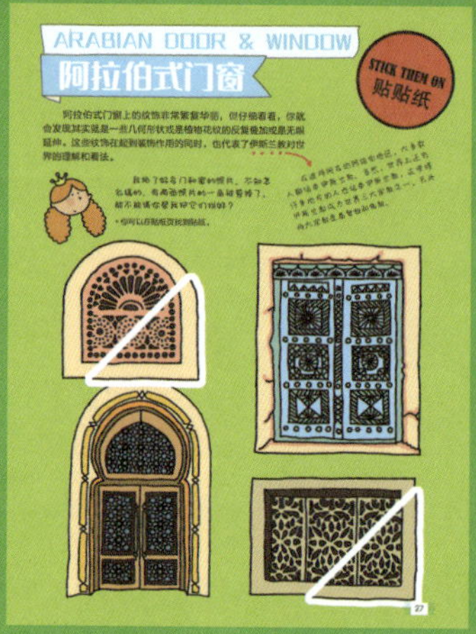

P37

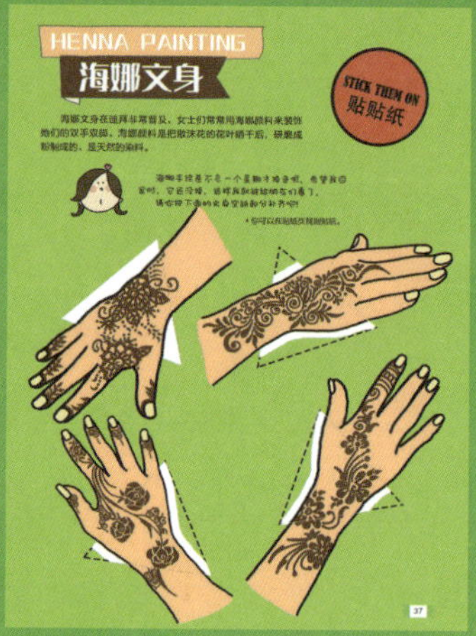

连连线
P10

P30

找不同
P18

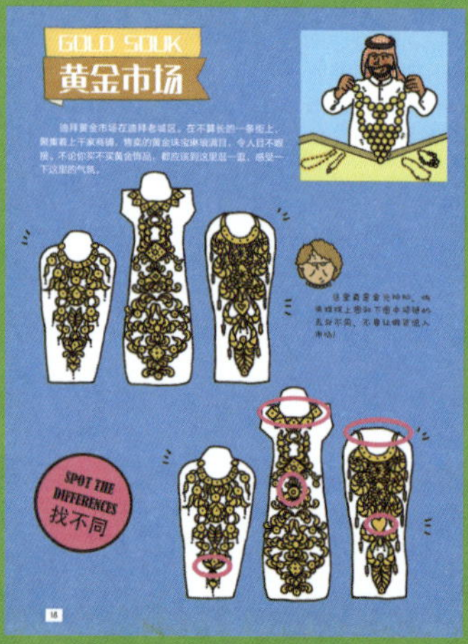

P35

分分类
P20—21

分分类
P28—29

P32—33

找对应
P15

P24

P39

走迷宫
P14

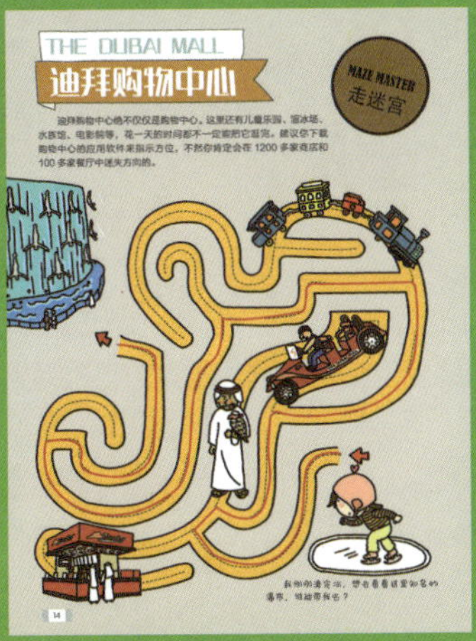

P38

数一数

P12—13
男士：10人
女士：3人

P16
海豚：9头

P22—23
大羚羊：9只

第11、17、19、25、31、34及36页没有标准答案，请小朋友自由发挥想象力吧！

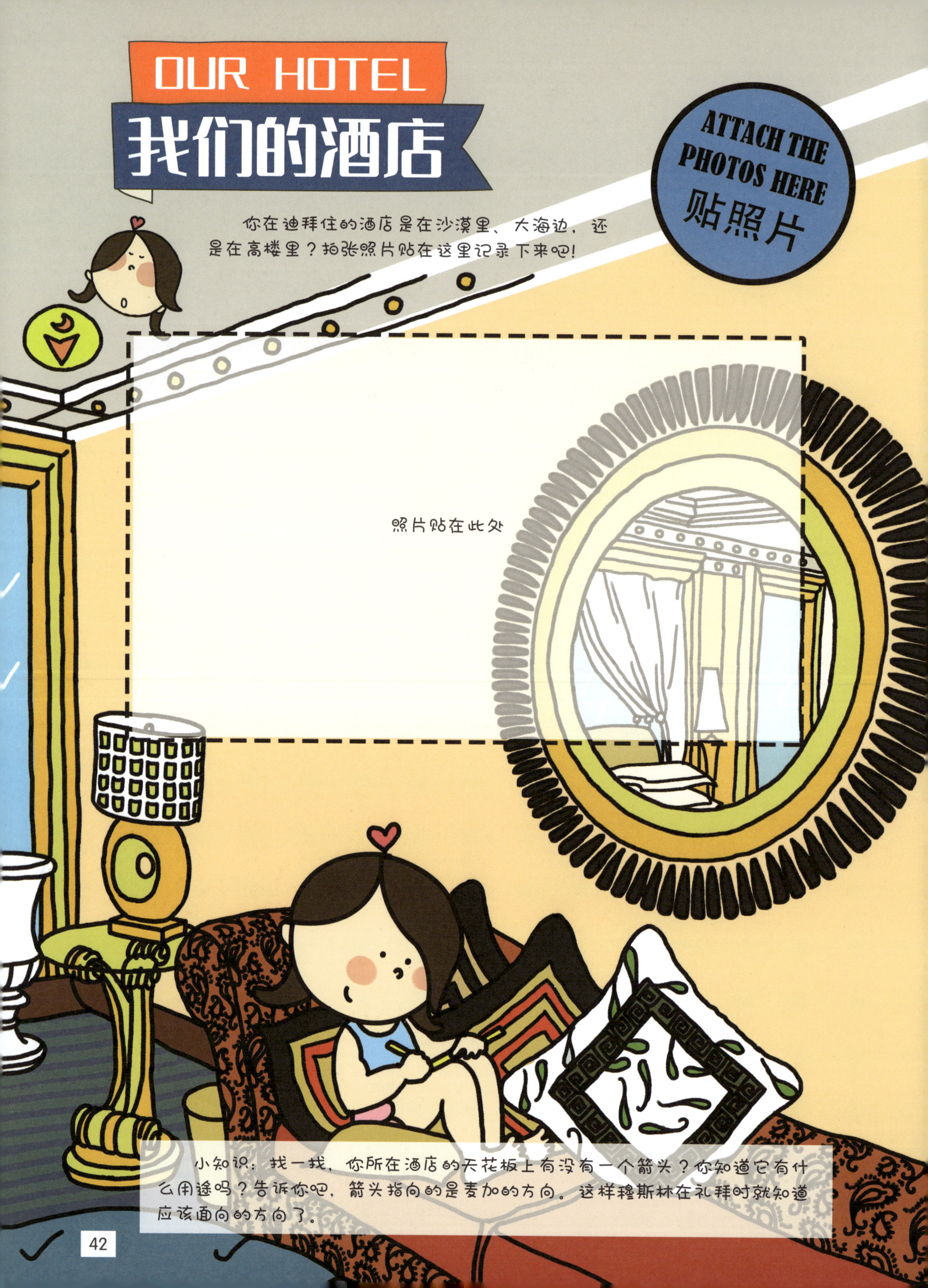

OUR HOTEL
我们的酒店

ATTACH THE PHOTOS HERE
贴照片

你在迪拜住的酒店是在沙漠里、大海边，还是在高楼里？拍张照片贴在这里记录下来吧！

照片贴在此处

小知识：找一找，你所在酒店的天花板上有没有一个箭头？你知道它有什么用途吗？告诉你吧，箭头指向的是麦加的方向。这样穆斯林在礼拜时就知道应该面向的方向了。

OUR JOURNEY

我们的行程

DAY1

DAY2

DAY3

DAY4

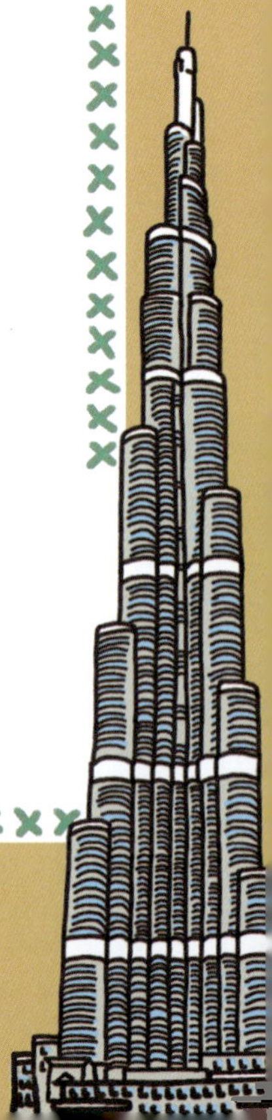

DAY5

DAY6

OUR PHOTOS
我们的照片

ATTACH THE PHOTOS HERE
贴照片

照片贴在此处

照片贴在此处

如果去了迪拜旅行，相信你一定会拍摄不少照片。请你和爸爸妈妈挑选两张最喜欢的照片，贴在这里留作纪念吧！

桃桃看世界

PARIS 巴黎

[新加坡] 柳小笛 高露贝 金金姑娘◎编绘

人民东方出版传媒
People's Oriental Publishing & Media
東方出版社
The Oriental Press

编写说明

“世界那么大”，从小就要去看看。《桃桃看世界》是为 3—8 岁的孩子设计的亲子旅行游戏书。

本套书精选了一系列世界热门旅行目的地城市，在每个城市选取有特色的景物或文化风俗，并设计了趣味性的图画、文字和游戏。由“桃桃”“公主姐姐”等人物带领，在日常生活和旅途中，引发孩子对世界的好奇心，获得丰富的知识和阅读乐趣，从而更好地发现和认识世界。

书中预留了大量的画图和文字记录空间，设计了贴照片的互动环节，并且为孩子提供了大量精美的城市景物贴纸，让旅途中的美好瞬间成为永久的成长回忆。

先来认识一下一起陪你旅行的朋友吧！

桃桃：

善良、勇敢，有好奇心的小女孩。喜爱看书，乐于去世界各地旅行。

好奇心奶奶：

对任何事物都充满好奇心，尤其是对新鲜事物和年轻人爱玩的东西。爱凑热闹，迷迷糊糊的。

胡子哥哥：

觉得自己留胡子很酷，是个很酷的文艺青年。

慢跑阿姨：

在每个城市都有她运动的身影和足迹。跑遍全世界是她的梦想。

公主姐姐：

非常优雅，对艺术品和古代文物非常有钻研。每次到博物馆都能看到她的身影。

叶子妹妹：

桃桃的跟屁虫，认为桃桃姐姐永远是对的。桃桃做什么，自己也要做什么。

地图猫：

执着于看地图找路的传统绅士猫，不喜欢现代导航设备，但是方向感并不好。最后每次都需要别人帮忙。

泳帽鸟：

橙地儿白条儿泳帽是他的标志。热爱水上运动。有洁癖。

目录

PARIS

巴黎123

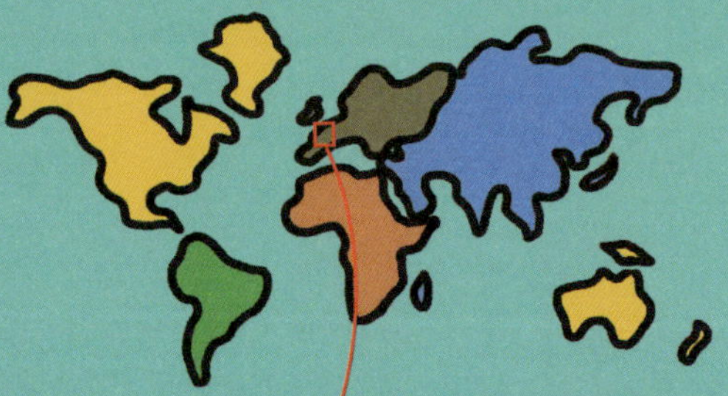

地理概况

巴黎，法国的首都。它在法国的北部，巴黎盆地的中央。著名的塞纳河从东向西穿过巴黎市区，将巴黎分为南北两岸。

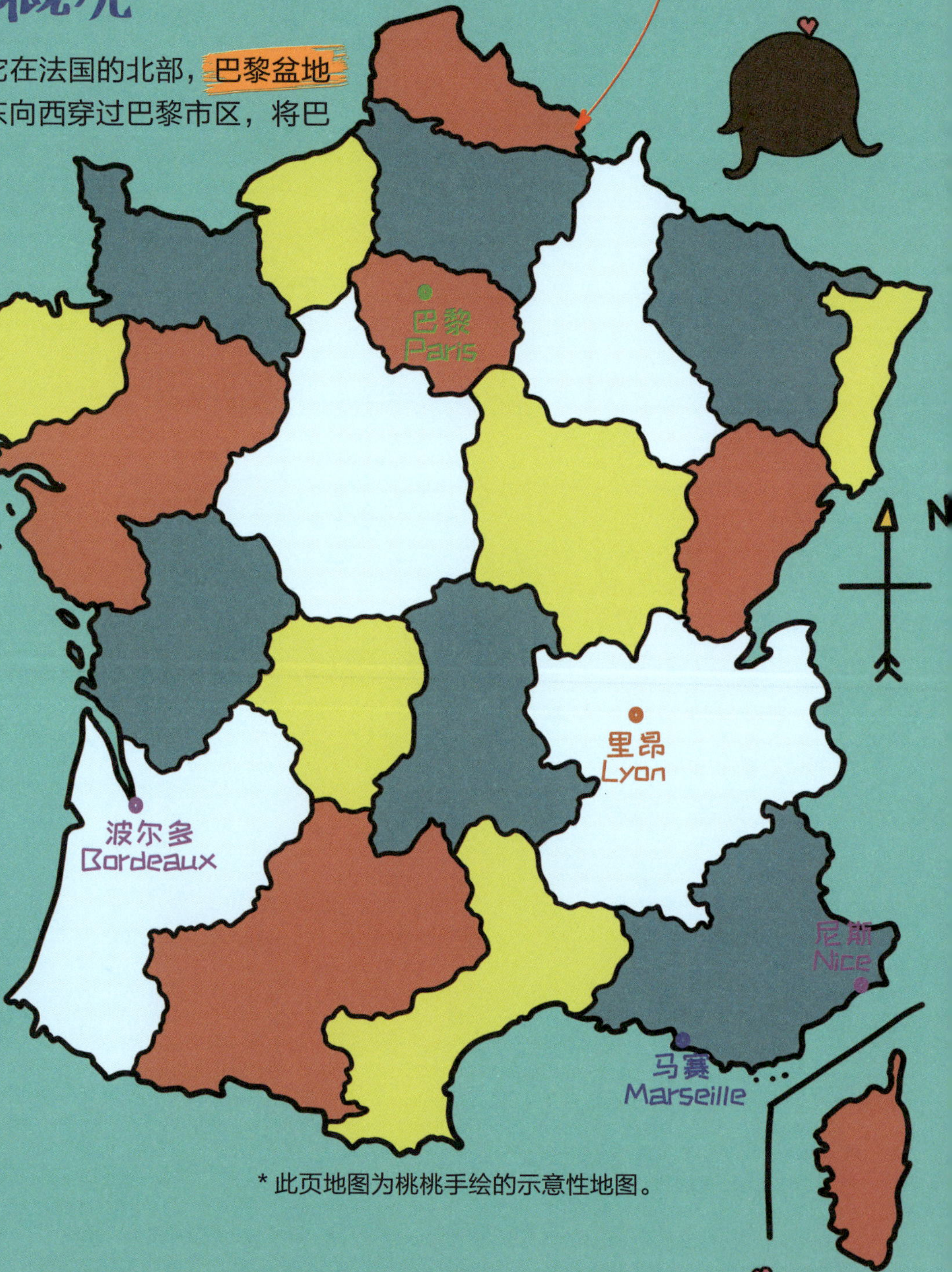

游客们眼中的巴黎通常只包含原来巴黎城墙内的 20 个区——以卢浮宫为中心的是第 1 区，接着以顺时针的方向由内向外转圈，按数字的顺序命名。比如，巴黎圣母院在第 4 区，埃菲尔铁塔在第 7 区。这 20 个区被称为“小巴黎”，也就是巴黎的城区。

但实际上，大巴黎都会区还包括了城区周围的 7 个省，面积大概是 12000 平方千米，大约是两个上海那么大。

* 此页地图为桃桃手绘的示意性地图。

多说几句，我们国家的一级行政单位叫省，而在法国，一级行政单位叫大区，大区之下才叫省。所以在法国大区比省大。法国一共有 18 个大区。大巴黎都会区所在的大区叫法兰西岛大区，而巴黎城区叫一个省，是第 75 省。这可真够乱的，我都蒙了。

气候和人口

巴黎是温带海洋性气候。夏天不算太热，平均高温在25℃左右；冬季也不算冷，平均低温在 2 ℃左右。巴黎的降雨分布得比较平均，一整年都会吹西风。

人们普遍认为春季、夏季和秋季是去巴黎观光的最佳季节。哎，这不就差冬季了吗？其实任何一个季节去巴黎都不会令人失望。

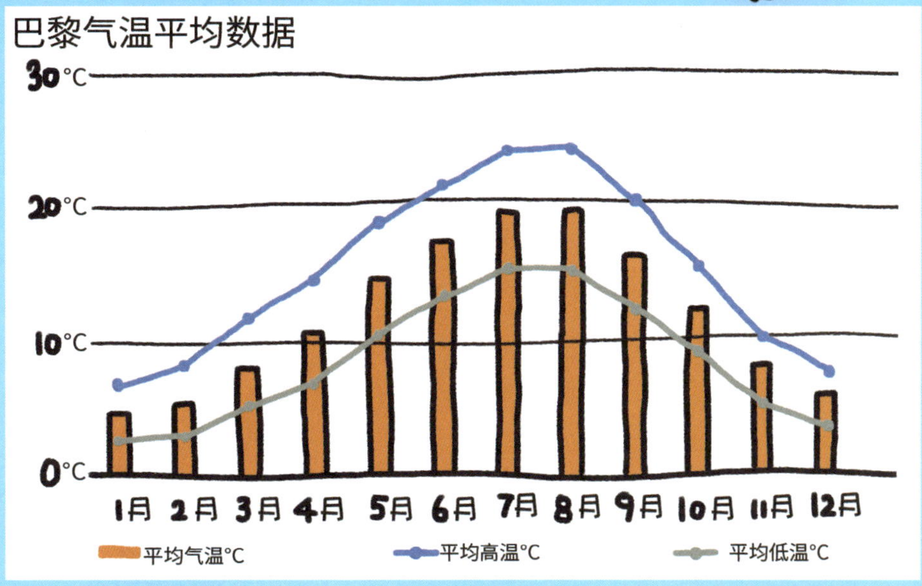

* 数据来自维基百科。

最近这些年，热浪频频袭击欧洲大陆，法国的气象部门也屡屡发出高温的红色预警。巴黎的夏季气温一次又一次地爬上新的高度，一度达到 42℃，简直可以形容为热得冒烟。

2016 年的人口调查显示，巴黎城区的人口大概是 225 万，而大巴黎都会区的人口差不多是 1210 万。根据法国统计局 2015 年的数据，大巴黎都会区大概有 160 万人都是外籍人士。其中，来自非洲的人最多。2018 年的报告显示，每 100 个巴黎人中差不多有 55 个年龄都在 40 岁以下。而且，据 2016 年的统计，巴黎每名妇女平均生育的子女的个数是 1.98 个，这个数量比欧洲其他很多城市都多。这些数据说明巴黎的人口既年轻又有活力。

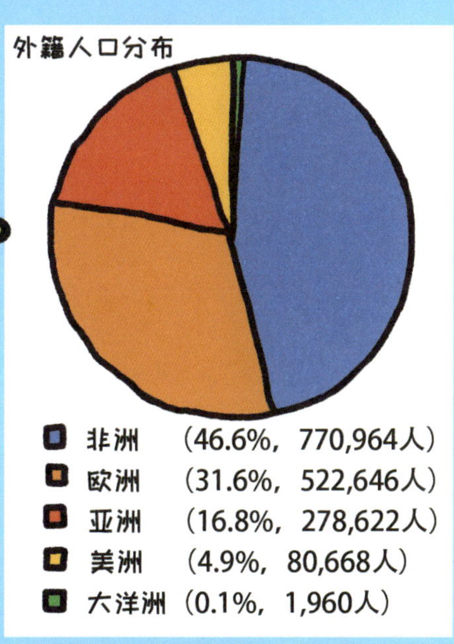

* 数据来自法国统计局，2015 年数据。

历史大事件

巴黎的历史相当精彩，值得好好研究研究。先从下面几件大事入手吧！你也可以去找找相关的资料哟。

公元前 250 年，凯尔特人当中的高卢人的一个分支——巴黎西人已经开始居住在塞纳河沿岸了。

公元前 52 年，罗马人征服了巴黎西人，之后开始在这里建造宫殿、竞技场、浴场等，并在 4 世纪时将这里改名为巴黎。

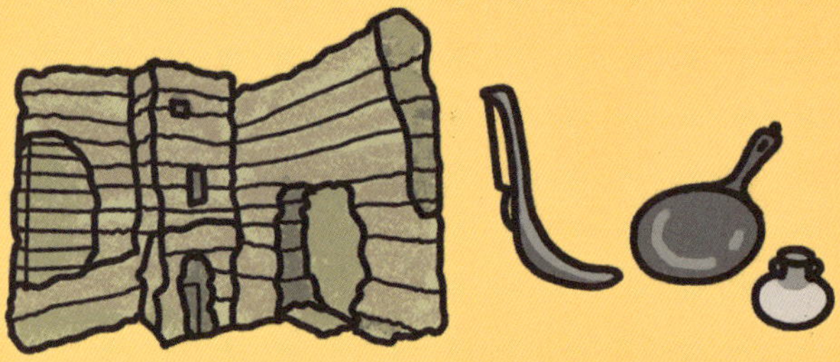

508 年，法兰克人占领了巴黎。随后，巴黎被不同的王朝统治。987 年，雨果 · 卡佩加冕为法兰西国王，巴黎成为王国的首都。

1515 年，弗朗索瓦一世即位。他邀请达 · 芬奇来法国做客，购买文艺复兴时期大师的作品，鼓励文学发展，让巴黎慢慢成为艺术之都。

1789 年 7 月 14 日，巴黎的平民起义军攻陷巴士底狱，轰轰烈烈的法国大革命开始了。

1851 年，一项伟大的都市规划事业——奥斯曼工程开始在巴黎动工。这项工程使巴黎成为现代都市的典范。

1944 年 8 月 25 日，德军撤出巴黎，法国获得了第二次世界大战的胜利。不幸中的万幸，一直被德军占领的巴黎并没有遭受到严重的破坏。

2008 年，大巴黎计划启动。实施这项计划是为了缓解巴黎的交通压力、改进巴黎的基础设施建设、重新把巴黎建造成世界之都。

精彩巴黎的历史车轮还在继续前进……

重要人物

巴黎之所以引人入胜，绝不仅仅是因为它的历史、风景、文化，创造它们的巴黎人才是最精彩的。介绍几位给你们认识吧！

路易十四（Louis XIV，1638—1715），这位自称“太阳王”的君主不满5岁就即位了，在位时间长达72年3个月零18天，是世界历史上在位时间最长的国家君主。路易十四是个非常有趣的国王：他亲自出演芭蕾舞剧，为154cm的自己发明了高跟鞋，还曾经派使团到访中国，并给康熙皇帝写了亲笔信。但令人遗憾的是，由于种种原因，康熙并没有看到过这封信。

伏尔泰（Voltaire，1694—1778），出生在巴黎，是法国启蒙运动时期的大思想家，也是文学家和哲学家。伏尔泰反对君主专制制度，批判天主教会，提倡人人平等，宣扬信仰和言论的自由以及司法公正。因为这些主张，他曾经好几次被关进监狱。这位老人家深受人们的爱戴，被人们称为“法兰西思想之父”。

克劳德·莫奈（Claude Monet，1840—1926），出生在巴黎的一位伟大画家。印象派艺术这个名字就是因为他的画作《印象·日出》而得来的。莫奈相当长寿，同时也相当多产，留下了500件素描和2000多幅油画。莫奈喜欢在不同的光线下，从不同角度描绘同一个物体，因此画出了很多系列的佳作，比如，人们熟知的《干草堆》和《睡莲》等。

居里夫人（Madame Curie，1867—1934），是第一位获得诺贝尔奖的女性。她两次获得诺贝尔奖，而且是在不同的领域——第一次是诺贝尔物理学奖，第二次是诺贝尔化学奖。除了她，至今还没有其他人取得过这样的成绩。居里夫人出生在波兰，在巴黎求学期间，与皮埃尔·居里相识并结为夫妇，从此开始了她的研究生涯，并最终成为一位从事放射性研究的伟大的科学家。

加布里埃·香奈儿（Gabrielle Bonheur Chanel，1883—1971），被人们昵称为可可，是一位具有传奇色彩的法国时装设计师。她为女性设计的服装简约干练，使得她们摆脱了束腰紧绷、冗长大摆的裙装，从而可以更加舒适自由地进行活动。这么前卫大胆的设计可能只有可可做得出来。可可的传世之作还有小黑裙、5号香水、2.55链条包等。

戴高乐将军（General de Gaulle，1890—1970），在第二次世界大战期间领导法国人民取得了胜利，并在1958—1969担任法国总统。2005年，他被法国人评选为“最伟大的法国人”，是法国了不起的军事家和政治家。他喜欢漫画《丁丁历险记》，甚至曾经说：“生活的坎坷能和我相比的，世界上只有一个人，就是丁丁。”

出行交通方式

出行巴黎的交通方式我已经相当熟悉了。有什么问题，尽管问我地图猫大人吧！

航空

巴黎及巴黎周边有多座国际机场为巴黎服务。最著名的两座机场分别是夏尔·戴高乐国际机场和奥利机场。戴高乐机场主要负责国际航线航班的起落，而国内航线、近距离航线的航班则由奥利机场负责。

地铁

巴黎地铁的历史相当悠久，从 1900 年就开始运行了。巴黎地铁的最大特点就是站点多，而且密集，平均每两站之间的距离只有 548 米，也就是说不论你在巴黎城区的哪个地方，都可以在半径 500 米左右的地方找到地铁，这简直太方便了。

铁路

巴黎是法国的铁路运输中心，从巴黎搭乘火车前往法国各地及欧洲各国都很方便。巴黎市区内就有 7 座火车站，分别是巴黎北站、巴黎圣拉扎尔车站、巴黎里昂车站、巴黎蒙帕纳斯车站、巴黎东站、巴黎贝尔西站与巴黎奥斯特里茨车站。你记住了吗？哈哈，我就不重复了。

自由自行车

自由自行车的法语是 Vélib，来源于法语的 Vélo（自行车）与 libre（自由），是一项 24 小时都可以使用的公共自行车出租服务。这项服务从 2007 年开始，现在已经拥有了 1400 个站点。自由自行车分为两种：绿色的是传统自行车；蓝色的是电动自行车，使用起来更加省力快捷。

城中盛事

一年之中，在巴黎举办的盛事不断，很多都是世界级的。住在巴黎的朋友有福了……

Paris Fashion Week
巴黎时装周

时　　间：每年 2、3 月间及 9、10 月间，共两个部分
地　　点：卢浮宫卡鲁塞勒大厅、杜乐丽花园
首次举办：1910 年
特　　点：世界四大著名时装周之一；每年 2、3 月举办当年秋冬季时装周；9、10 月举办次年春夏季时装周；一个月内相继举办 300 多场时装发布会。

The Paris Air Show
巴黎—布尔歇国际航空航天展览会

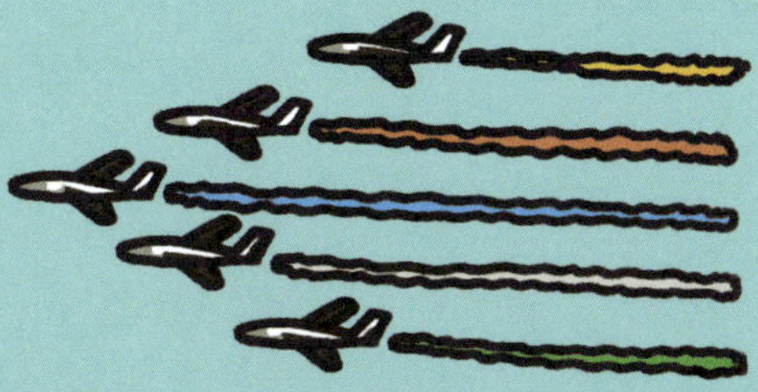

时　　间：两年举办一次，在单数年的初夏
地　　点：布尔歇机场
首次举办：1909 年
特　　点：世界上规模最大、最负盛名、历史最悠久的国际航空航天展览会。中国隐形战机在 2017 年第 52 届巴黎—布尔歇国际航展上首次亮相。

European Heritage Days
欧洲遗产日

时　　间：每年 9 月间
地　　点：各大博物馆、政府机构、私人建筑等名胜古迹
首次举办：1984 年
特　　点：由法国倡议发起，几乎所有欧洲国家都会参与的大型文化活动；免费开放名胜古迹供人们参观，向人们展示文化艺术的魅力。

Salon d’Automne
巴黎秋季艺术沙龙

时　　间：每年 10 月
地　　点：香榭丽舍大道
首次举办：1903 年
特　　点：最有影响力的绘画、雕塑、建筑和装饰艺术展览。塞尚、高更等名家都曾经在这个展览中展示作品。

MAP
手绘地图

大作家海明威曾经说：“如果你有幸在年轻时到过巴黎，那么以后不管你到哪里去，它都会跟着你一生一世。”没错，巴黎就是有这样独特的魅力。有人说巴黎是浪漫之都，有人说它是时尚之都、艺术之都、花之都……那在你的心里，巴黎是什么样的呢？

早就听说过巴黎的大名，真想快点儿去看看，你呢？请先把你计划中的目的地贴到这个景点地图里来吧！

* 本地图仅为展现巴黎文化标志及地标建筑的相对位置的示意性地图。
* 你可以在贴纸页找到贴纸。

LOUVRE MUSEUM

卢浮宫

卢浮宫，最早是被用作国王的宫殿，1793 年开始作为博物馆对外开放。卢浮宫馆藏的精品无数，可以称得上是世界第一博物馆。建于 1989 年，由华裔建筑师贝聿铭设计的金字塔新入口也是卢浮宫的精彩看点之一。

贝聿铭是一位非常有才华、成就极高的美籍华裔建筑师。他的作品除了卢浮宫金字塔，还有香港的中银大厦、日本美秀美术馆、美国华盛顿国家美术馆东馆等，遍布世界各地。

PAIR THEM UP 找对应

卢浮宫是我巴黎之行的第一站。我为四个展品画了素描，可是这些素描都缺失了一角。能不能请你帮忙把素描和缺失的部分连上线配上对呢？谢谢！

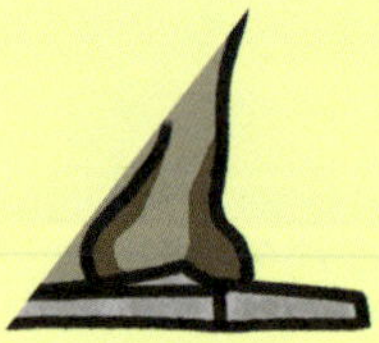

第18—19页

第20页

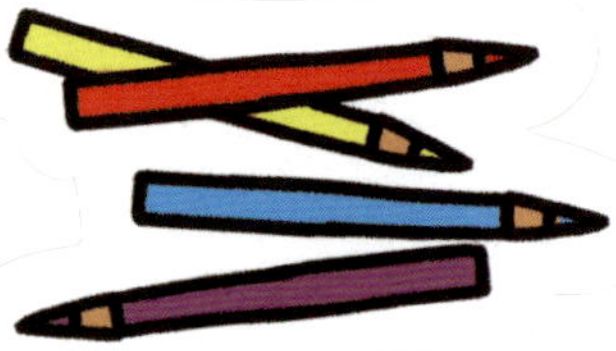

第24页

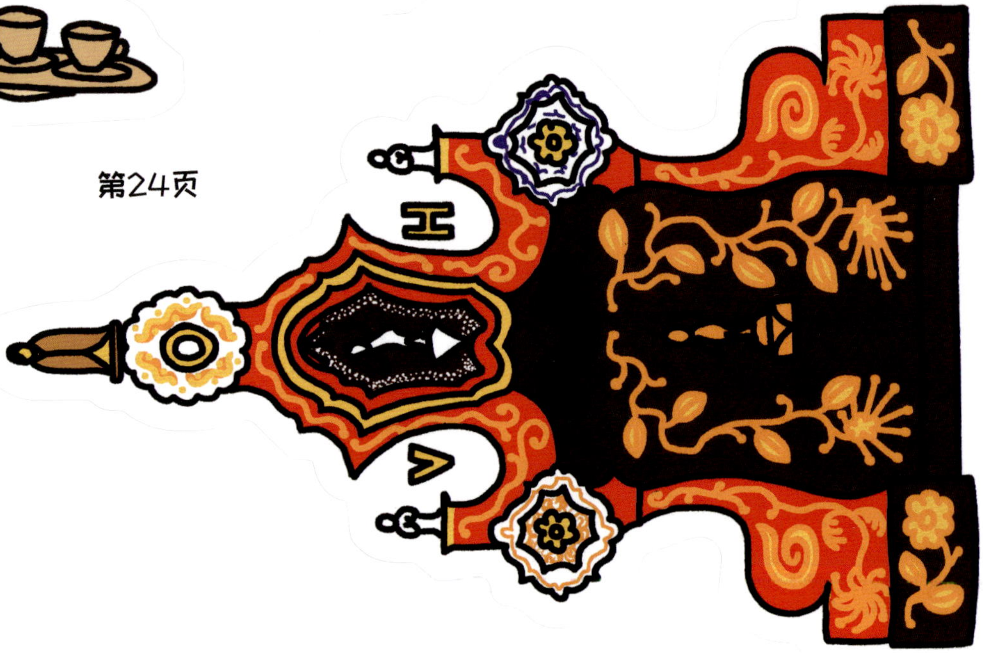

第28—29页

第32—33页

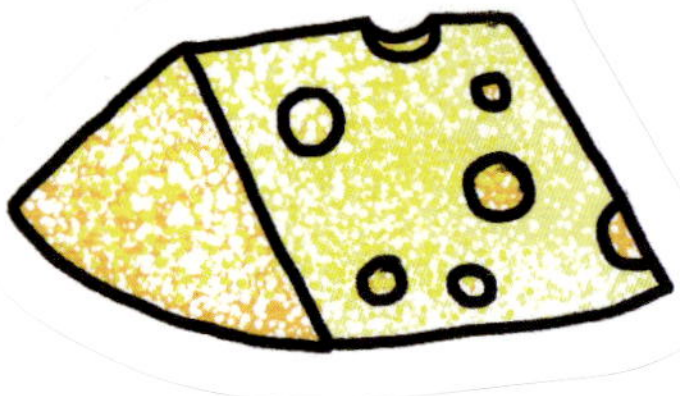

贴纸页
STICKERS

第8－9页

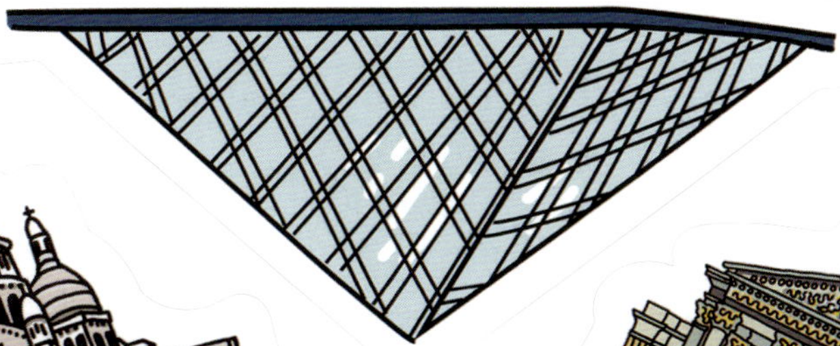

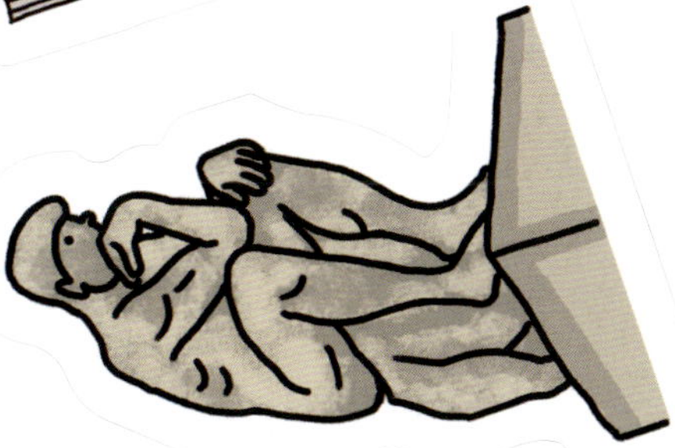

第21页

第38页

EIFFEL TOWER
埃菲尔铁塔

DRAW & PAINT
画画并涂色

埃菲尔铁塔是巴黎最著名的地标之一，也是世界上特别有名的建筑物。它是为了迎接 1889 年的世界博览会和庆祝法国大革命胜利 100 周年而建造的。埃菲尔铁塔总高 324 米，在建好后的 45 年里一直是世界上最高的建筑物。

1789 年，一场大革命席卷法国。法国人民推翻了君主的统治，宣扬自由、平等、博爱的理念。这让欧洲许多王室都感到恐慌不已。

最初建造埃菲尔铁塔时，很多人反对，觉得它不够漂亮，还管它叫“铁芦笋”，你觉得呢？请你画一画埃菲尔铁塔，并涂上你喜欢的颜色吧！

THE SEINE

塞纳河

假如你站在塞纳河的中央，面向西边，也就是面向塞纳河水流前进的方向，那么你的右手边的河北岸就叫作右岸，左手边的河南岸则叫作左岸。无论是右岸还是左岸，在塞纳河沿线你都会看到许多著名的历史文化遗迹。正是这些名胜古迹再加上塞纳河本身的秀美风光，使得塞纳河成为世界上最著名的河流之一。

SPOT THE DIFFERENCES 找不同

这里是塞纳河上的新桥。虽然名字是新桥，但它却是塞纳河上最古老的桥梁。左右两幅图共有五处不同，你能全部找出来吗？

写点儿什么：

THE CHAMPS-ELYSEES
香榭丽舍大道

COLOR IT IN
涂颜色

香榭丽舍大道全世界知名。它的东段有大片的绿地，西段则聚集着众多的奢侈品商店、餐馆和剧院。香榭丽舍的原意是“田园乐土”，留学法国的徐悲鸿先生按照法语发音翻译成香榭丽舍，信、达、雅地向人们诠释了这条大道的魅力。

徐悲鸿是我们国家一位非常著名的现代画家。他最擅长画马，他画的马神形兼备，惟妙惟肖。

香榭丽舍大道被称为巴黎最美的大道。你觉得呢？瞧，法国的国庆阅兵也在这里举行。请给这幅图涂上颜色吧！

PANTHEON 先贤祠

先贤祠，原本的用途是教堂，经过几次变更后于 1791 年成了法国名人的安葬地。在这里安息的法国著名人物有伏尔泰、卢梭、居里夫妇、雨果、大仲马等，难怪这里被称作“法兰西的灵魂”。

这里安息着许多伟大的法国人。请你在下面的空白格子里为先贤祠设计一张门票吧！我想如果真的印出来，你设计的这张门票一定很精美。

DESIGN YOUR TICKET 设计门票

写点儿什么：

NOTRE-DAME DE PARIS CATHEDRAL

巴黎圣母院

大文豪雨果曾经称赞巴黎圣母院是“石头的交响乐”。站在巴黎圣母院的脚下，你就会明白这个比喻是多么绝妙。全石材建筑的巴黎圣母院高耸挺拔，飞扶壁、玫瑰花窗、怪兽雕塑、尖塔这些哥特式建筑的标志性细节都非常值得品味。

*2019年4月15日，正在修复中的巴黎圣母院突然发生火灾。大火使得教堂尖塔坍塌，并且吞没了大面积的屋顶。幸好，教堂正面的双塔和建筑整体结构保存了下来。目前法国政府正在积极修复巴黎圣母院，希望它能早日重现昔日的辉煌。

HOW MANY 数一数

广场上的人可真不少。请数一数这些事物在图中的数目，并把答案写在旁边的横线上吧！

各式帽子：____顶

眼镜：____副

各式书包：____个

MOULIN ROUGE
红磨坊

红磨坊在蒙马特高地脚下，是巴黎知名的夜总会，每晚都会有盛大的演出。这里的康康舞极具特色、非常有名。除了康康舞，人们还会看到魔术、杂技、小丑等精彩的表演。

这里为什么叫红磨坊呢？你能帮我按顺序将数字连线吗？这样你就可以知道这个建筑物的样子了。

JOIN THE DOTS
连连线

写点儿什么：

PARIS COFFEE SHOP

咖啡馆

巴黎的街边咖啡馆有一种巴黎特有的格调，优雅的环境、蔓延到店外的座椅、彬彬有礼的侍应生，这一切使得咖啡的味道已经变得不那么重要了。有人说巴黎人喝咖啡的这种优雅韵味体现了他们的生活态度，那就是，生活可以很艰辛，但绝不能没有情调。

我喜欢这种情调。你说，这些街边喝咖啡的人，是他们看我们呢，还是我们看他们呢？咦，咖啡馆的侍应生在哪里呢？请你把他的贴纸贴过来吧！

*你可以在贴纸页找到贴纸。

THE ORSAY MUSEUM

奥赛美术馆

SORT THEM OUT

分分类

奥赛美术馆所在的建筑原来是一座火车站，1986 年的时候改建为博物馆。这里最负盛名的就是大量印象派艺术的画作——莫奈的《睡莲》、凡·高的《隆河上的星夜》、雷诺阿的《煎饼磨坊的舞会》……都是印象派艺术不朽的名作。

印象派艺术在 19 世纪后期开始兴起。印象派的画家注重光影的效果、色彩的变换。他们的画作笔触看起来杂乱，但每一笔都是经过思考的精巧安排。

瞧，胡子哥哥在临摹《草地上的午餐》。

咦，他的工具好像少了点儿什么。你能帮他补上吗？别放乱了！

* 你可以在贴纸页找到贴纸。

THE BASILICA OF THE SACRED HEART

圣心大教堂

洁白神圣的圣心大教堂坐落在蒙马特高地上，1919 年就开始使用了。圣心大教堂庄严典雅，正门两侧分别伫立着圣女贞德和路易九世骑马的雕像。教堂内巨大的马赛克耶稣像和重达 19 吨的大钟也是教堂的特色。

圣女贞德是法国的民族英雄。在法国和英国的百年战争中，率领着法国人民英勇地抗击了英军。但是最后她却被坏人诬陷成女巫而处以火刑。

路易九世在 1226 年的时候即位成为法国的国王。总体来说，这位国王还不错。他死后被尊称为法兰西的“圣路易”。

要去圣心大教堂，就要爬上这些台阶。你是自己上去的吗？如果是，我想爸爸妈妈一定会给你一张奖励贴纸的。

去圣心大教堂之前，就迫不及待地想要奖励贴纸了？好吧，请你再看一下上面的说明文字，然后告诉爸爸妈妈圣心大教堂是在哪年开始使用的。他们学习到了这个知识后，一定会给你那张奖励贴纸的。

* 你可以在贴纸页找到贴纸。

ESCARGOT
法国蜗牛

法国蜗牛是法国菜中最常见的头盘菜。蜗牛的种类很多，但并不是都可以食用哟。产地是法国的食用蜗牛一共有两种——勃艮第蜗牛和小灰蜗牛。最经典的烹调方法是把蜗牛、大蒜、黄油一起烹煮，看起来很简单，但美味无穷，营养丰富。

MAZE MASTER 走迷宫

法国人觉得蜗牛是美食，可我觉得蜗牛并不这样想。快点儿帮它从厨房的迷宫里逃出去吧！

THE VICTOR HUGO HOUSE

雨果故居

维克多·雨果 (Victor Hugo，1802—1885) 是法国的大文豪。他的作品《悲惨世界》《巴黎圣母院》等世界闻名。这间雨果居住了 16 年的公寓位于巴黎市中心孚日广场六号。从 1903 年开始，这里向公众开放，向人们展示这位大作家的生平和他曾经生活过的环境。

没想到这位法国大作家的家里竟然有个中国厅。你能帮我布置一下吗？

* 你可以在贴纸页找到贴纸。

写点儿什么：

STICK THEM ON
贴贴纸

THE ARC DE TRIOMPHE

凯旋门

拿破仑为了纪念自己打败俄奥联军下令修建了凯旋门，可是，凯旋门却是在拿破仑政权被推翻后建成的。拿破仑要是得知它建成了应该也是百感交集吧……

凯旋门高约 50 米，在门墩的两面刻有四组大型浮雕，在门里还有一个小型的博物馆。

凯旋门到底汇聚了多少条大道啊？数一数，然后在这里画一幅俯视图，你觉得怎么样？

DRAW & PAINT
画画并涂色

THE TOUR DE FRANCE
环法自行车赛

这项赛事每年 7 月举办，赛期 23 天，中间有 2 天休息。比赛的赛道会环绕法国一圈。虽然每年的路线不尽相同，但比赛的终点几乎都是设立在巴黎的香榭丽舍大道上，颁奖台也会以凯旋门为背景。

加油加油！冲过去啦！好刺激的比赛！请你帮我数数下面图中穿不同颜色运动衣的运动员各有几位。

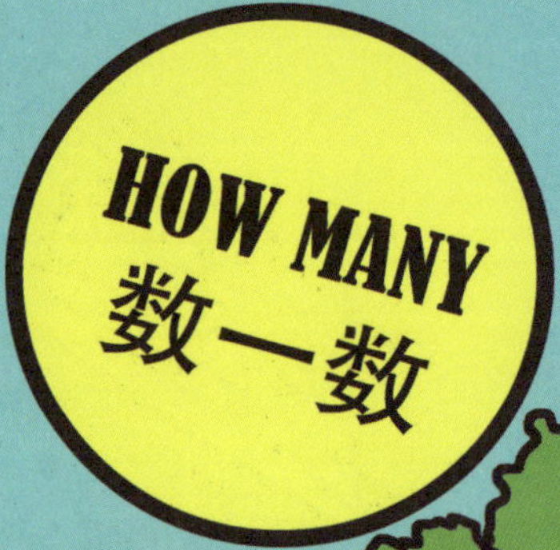

红：__________

蓝：__________

黑：__________

PLACE BASTILLE
巴士底广场

JOIN THE DOTS
连连线

巴士底广场曾经是巴士底狱所在地。1789 年 7 月 14 日，巴黎人民攻陷了这座监狱，这标志着法国大革命的开始。而巴士底狱也在那之后的几天里被人们拆毁了。现在广场上矗立的“七月圆柱”是为了纪念 1830 年“七月革命”的烈士而修建的。

1830 年 7 月的这次革命中，法国人民推翻了查理十世。他是法国大革命后复辟的波旁王朝的第二个君主。复辟的意思就是本来失去君主地位了，然后又回来当上君主了。

咦，这儿的监狱跑到哪儿去了？这是什么？按数字顺序连上线就知道了。

写点儿什么：

THE BOOK SELLERS OF PARIS

巴黎旧书摊

SORT THEM OUT
分分类

在塞纳河左岸，你会见到一排绵延几千米、固定在塞纳河河沿的墨绿色铁皮箱。这是被称为“绿色车厢”的巴黎旧书摊，是世界上最大的露天书市。而且，它从 16 世纪起就已经出现在这里了。

塞纳河边的这一串绿箱子里藏有不少宝贝：旧书、过期的报纸、泛黄的明信片和各种绘稿……你能帮这个书摊把缺失的货品摆放回架子的相应位置吗？

* 你可以在贴纸页找到贴纸。

PERFUME
香水

PAIR THEM UP
找对应

法国香水举世闻名，不仅引领着时尚，还是充满内涵的艺术品。但是香水的起源并不那么美好：那时候的人们基本不洗澡，公共卫生设施也很差，街道上臭气熏天。这些来自自身和外在的令人不愉悦的味道，对人们来说简直是双重夹击。为了遮掩它们，香水诞生了。

这些瓶子好漂亮，味道也香香的。请你把香水瓶和它们的影子连上线吧！

THE CENTRE POMPIDOU

蓬皮杜艺术中心

蓬皮杜艺术中心是一座现代艺术博物馆。在1977年竣工时，很多人都不喜欢它的外观，觉得它与周围高雅传统的建筑十分不协调。但是如今这独特的建筑风格，正是全世界游客前来参观的主要原因。这里是现代巴黎的象征，被人们称作“文化工厂”。

COLOR IT IN
涂颜色

蓬皮杜艺术中心外露的管道用不同的颜色表示了它们的功能。

绿色：水管；蓝色：空调系统；黄色：电子线路；红色：自动扶梯和维护安全设施。所以，我推测上面这张图的颜色是……唉，还是不知道。小朋友，干脆你给它涂上你喜欢的颜色吧！

写点儿什么：

PLACE DE LA CONCORDE

协和广场

协和广场位于塞纳河的右岸，一开始被称作路易十五广场。在法国大革命的时候，它改名为革命广场。在那段时期，包括被推翻的君主路易十六在内的上万人都在这里被推上了断头台。也许是为了忘掉那段血腥的历史，广场最后取名为协和广场，这寓意着人们祈祷和平永存的心愿。

广场上矗立着一座埃及政府赠予法国的方尖碑。它高23米，重230吨，由一块完整的花岗岩雕琢而成。这太神奇了！

广场上的人真不少。请你将更多的人物贴纸贴到广场上来，让这里变得更加热闹吧！

* 你可以在贴纸页找到贴纸。

写点儿什么：

STICK THEM ON
贴贴纸

BAGUETTE
法棍面包

这种面包在巴黎似乎很流行，我还挺喜欢吃的，你呢？帮我数数图中共有几个法棍面包，好吗？

法棍面包外皮酥脆，内里湿软有嚼劲儿，巴黎人一日三餐都离不开它。法国政府甚至制定了多项关于法棍面包的法例，严格规定了它的原材料、制作过程、外观和售价等，可见，这看似平常的法棍面包对于法国人来说真的是“事关重大”。

THE THINKER
思想者

《思想者》是法国著名雕塑家奥古斯特·罗丹的作品。这个雕像人物低头沉思的样子，似乎内心充满着矛盾和痛苦。他的身体强健而有力，好像随时都可能站立起来放声呐喊呢。

你说，他在想什么呢？请你试试画出他的模样！

DRAW & PAINT
画画并涂色

NAPOLEON BONAPARTE
拿破仑

SPOT THE DIFFERENCES
找不同

拿破仑在 1804 年的时候加冕称帝。他颁布《拿破仑法典》、改革经济、改革教育、对外扩张，战无不胜，在最辉煌的时刻几乎全部欧洲都与他联盟或者向他俯首称臣。虽然他最终被流放于孤岛，去世的时候才 52 岁，但他确确实实改变了法国的历史轨迹，是个杰出的法国人。

听说拿破仑是个左撇子，个头也不高。咳咳，我的个头也不高。这两幅图有五处不同，请你找出来吧！

DOG
狗

MAZE MASTER
走迷宫

在巴黎当狗非常幸福。这里的狗可以进入餐厅和咖啡厅，在狗公园玩耍，还可以享有专属的出租车服务……但是狗的排泄物是个让人头疼的问题。有笑话说如果纽约的小孩学会的第一个词是“出租车”，那么巴黎的小孩学会的第一个词就是“狗便便”。

巴黎大街上的狗狗真多，一不小心就会踩到那个东西……请你在注意脚下的同时，帮忙看看下面图中间的白色小狗是属于哪个时尚女郎的吧！

FRENCH CHEESE
法国奶酪

SORT THEM OUT
分分类

法国是奶酪的国度。来到巴黎一定要品尝一下地道的法国奶酪，就算每天吃一种，吃一年也不会重样呢。新鲜奶酪、花皮软质奶酪、山羊奶酪、青纹奶酪……总之，不懂得欣赏奶酪，巴黎之行就会少了不少乐趣哟。

我很喜欢吃奶酪。可是我知道有些人觉得它臭臭的，哈哈。你喜欢吃奶酪吗？请你帮我把缺少的奶酪摆放回去吧！请按种类摆放，谢谢！

* 你可以在贴纸页找到贴纸。

THE PALACE OF VERSAILLES
凡尔赛宫

凡尔赛宫在巴黎的西南郊。从 1682 年到 1789 年，这里是法国的王宫和政治中心。它的建筑外观宏伟，内部装饰富丽堂皇，巨大的庭院造型整齐，既宽敞又对称，是当时欧洲许多国家的君主在建造皇宫时竞相模仿的对象。

PAIR THEM UP
找对应

我在凡尔赛宫里拍到了很多精彩的照片，可是不小心都剪坏了。你可以帮我把照片拼回去吗？先连上线就行，剩下的我自己来。

HERE ARE THE ANSWERS
答案在这里

贴贴纸
P8—9

找对应
P10

P30

P39

找不同
P12—13

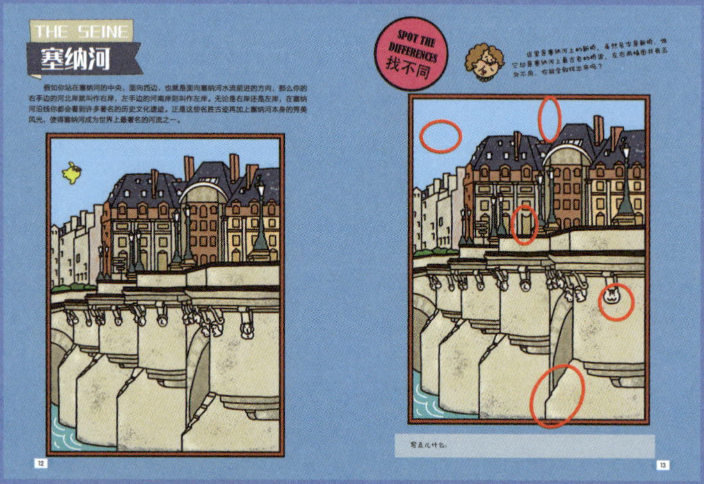

P36

连连线

P17

P27

分分类

P20

P28—29

P38

走迷宫

P22—23

P37

数一数

P16

各式帽子：3顶

眼　　镜：8副

各式书包：8个

P26

红：7位

蓝：4位

黑：2位

P34

法棍：15个

第11、14、15、18、19、24、25、31、32、33及35页没有标准答案，请小朋友自由发挥想象力吧！

OUR HOTEL
我们的酒店

在酒店里这么待着就挺好。你住的酒店是什么样的？拍张照片贴在这里留作纪念吧！

OUR JOURNEY
我们的行程

DAY1

DAY2

DAY3

DAY4

DAY5

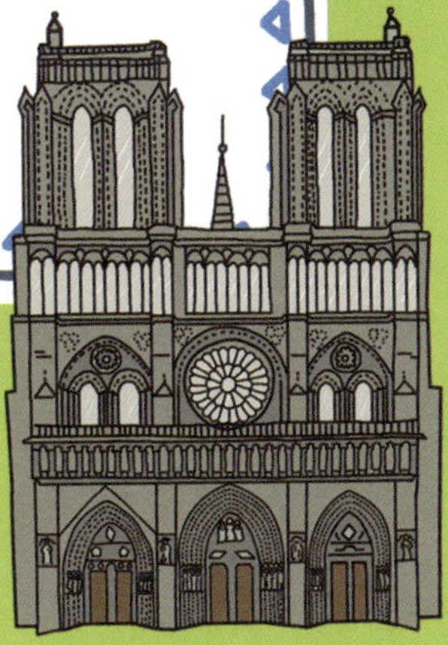

DAY6

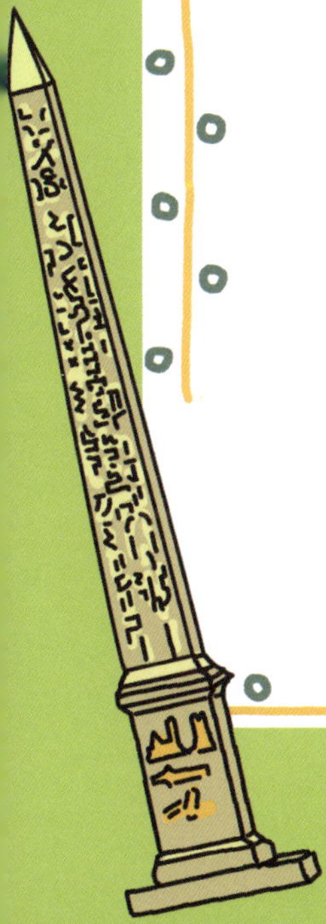

OUR PHOTOS
我们的照片

ATTACH THE PHOTOS HERE
贴照片

照片贴在此处

照片贴在此处

如果去了巴黎旅行，相信你一定会拍摄不少照片。请你和爸爸妈妈挑选两张最喜欢的照片，贴在这里留作纪念吧！

桃桃看世界

NEW YORK 纽约

[新加坡] 柳小笛 高露贝 金金姑娘◎编绘

人民东方出版传媒
People's Oriental Publishing & Media
東方出版社
The Oriental Press

编写说明

“世界那么大”，从小就要去看看。《桃桃看世界》是为3—8岁的孩子设计的亲子旅行游戏书。

本套书精选了一系列世界热门旅行目的地城市，在每个城市选取有特色的景物或文化风俗，并设计了趣味性的图画、文字和游戏。由“桃桃”“公主姐姐”等人物带领，在日常生活和旅途中，引发孩子对世界的好奇心，获得丰富的知识和阅读乐趣，从而更好地发现和认识世界。

书中预留了大量的画图和文字记录空间，设计了贴照片的互动环节，并且为孩子提供了大量精美的城市景物贴纸，让旅途中的美好瞬间成为永久的成长回忆。

先来认识一下一起陪你旅行的朋友吧！

桃桃：

善良、勇敢，有好奇心的小女孩。喜爱看书，乐于去世界各地旅行。

公主姐姐：

非常优雅，对艺术品和古代文物非常有钻研。每次到博物馆都能看到她的身影。

好奇心奶奶：

对任何事物都充满好奇心，尤其是对新鲜事物和年轻人爱玩的东西。爱凑热闹，迷迷糊糊的。

叶子妹妹：

桃桃的跟屁虫，认为桃桃姐姐永远是对的。桃桃做什么，自己也要做什么。

胡子哥哥：

觉得自己留胡子很酷，是个很酷的文艺青年。

地图猫：

执着于看地图找路的传统绅士猫，不喜欢现代导航设备，但是方向感并不好。最后每次都需要别人帮忙。

慢跑阿姨：

在每个城市都有她运动的身影和足迹。跑遍全世界是她的梦想。

泳帽鸟：

橙地儿白条儿泳帽是他的标志。热爱水上运动。有洁癖。

目录

NEW YORK

纽约 123

地理概况

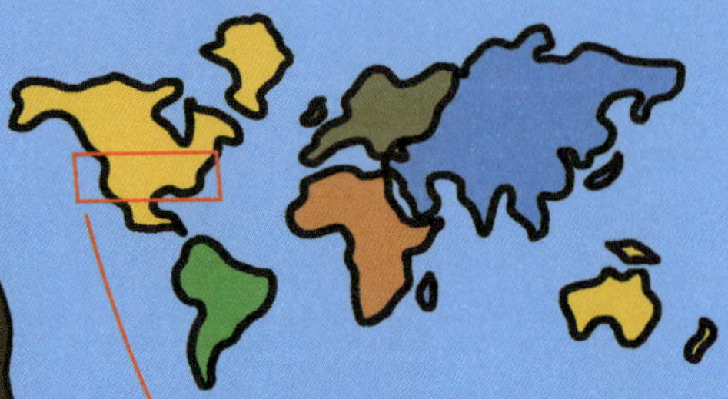

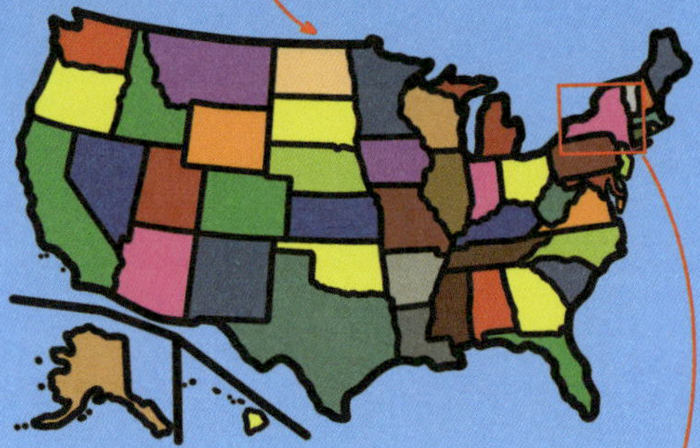

纽约是美利坚合众国，也就是美国的第一大城市。它是纽约州的一部分，位于美国的东北部，紧挨着大西洋。

纽约市的面积是1214平方千米，大约是上海市面积的五分之一。它包含了五个区，除了著名的曼哈顿和布鲁克林，还有布朗克斯、皇后区和斯塔滕岛。

人们最熟悉的曼哈顿是纽约的核心。摩天大楼、大公司、大品牌、中央公园、博物馆、艺术中心、联合国……差不多都集中在这里。曼哈顿的街道南北向为道，东西向为街，这些街道将城区切割得像豆腐块一样。因为街道划分工整，再加上街道按顺序以数字命名，所以在曼哈顿，想迷路可不是一件容易的事。

当然，我们的老朋友地图猫先生除外……你懂的。

＊此页地图为桃桃手绘的示意性地图。

多说几句，美国之所以叫美利坚合众国，是因为它是由50个州、华盛顿哥伦比亚特区和5个自治领土及外岛共同组成的。

纽约州在1788年7月26日加入联邦，是美国的第11个州，就是这样。

气候和人口

纽约属于北温带。总体来说，这个城市四季分明，降水均匀，气候宜人。夏季的平均高温是29℃左右，而冬季的平均低温差不多是0℃。

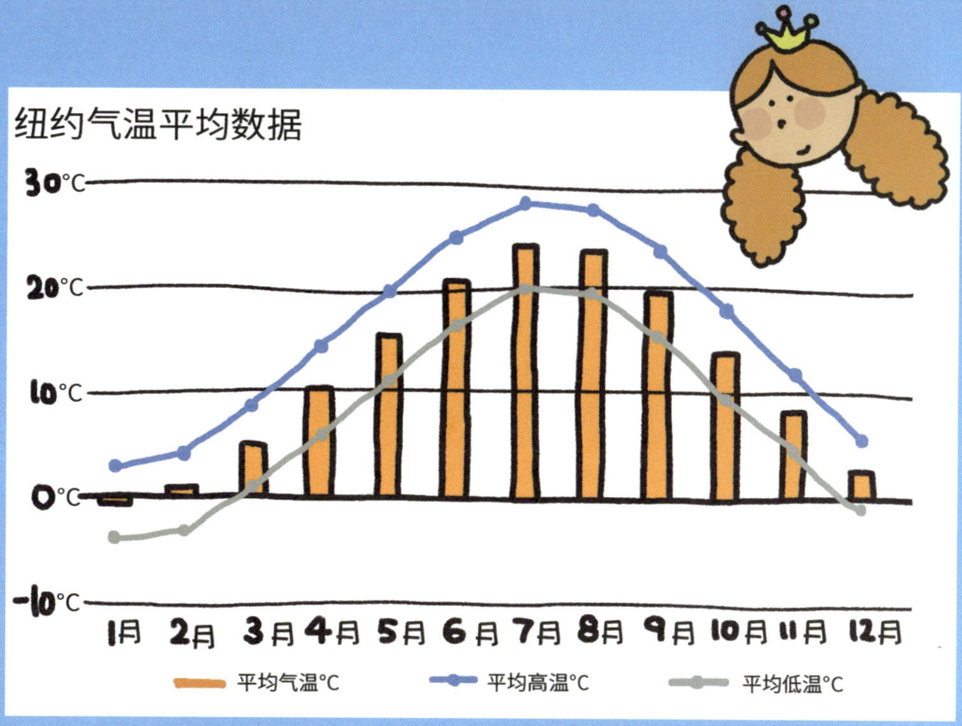

*数据来自香港天文台。

这么好的天气，不尽情奔跑简直对不起它！

飓风侵袭

纽约很少受到极端天气的袭击，不过也不是没有先例。2012年的飓风“桑迪”，就让纽约市民尝尽了苦头——停电、飞机航班取消、交通受阻、纽约证券交易所关闭，甚至有数十人因此丧生，真是太可怕了。

飓风是一种在海面上形成的热带气旋或热带风暴。每年6—11月是大西洋的飓风季，这期间美国的西南地区总会遭受飓风带来的暴雨和洪水的袭击。纽约在大西洋沿岸，但是它在美国的东北部，一般很少受到飓风的正面吹袭。所以，“桑迪”确实是位不速之客。

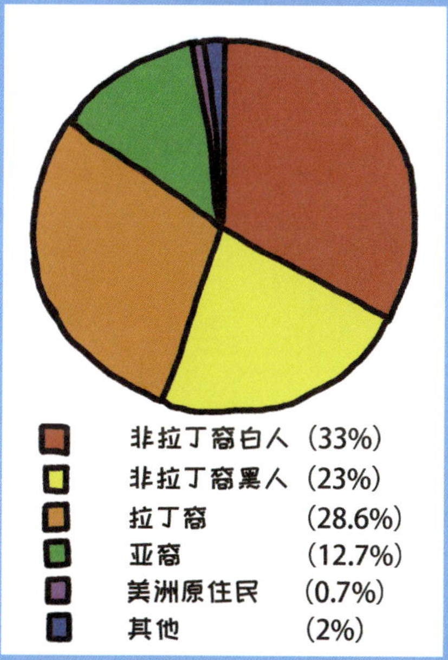

*数据来自维基百科，2010年数据。

2016年的一个统计显示，纽约的人口大约为854万，是全美国人口最多的城市，而且比排在第二位的洛杉矶和第三位的芝加哥的人口总和还要多。

你知道吗？许多生活在纽约的人都不是在纽约出生的，甚至不是在美国出生的。有个调查显示，有一半的纽约人在家里都说着英语以外的语言。所以我们称纽约是典型的移民城市。

历史大事件

发生在纽约的历史大事件有很多都值得向大家介绍。篇幅有限，就选出下面的几件跟大家说说吧。

1524 年，当地的原住民勒纳佩人热烈地欢迎了一位叫作乔瓦尼·达韦拉扎诺的意大利人，他是有记录以来第一个造访纽约的欧洲人。

1624 年，荷兰人在这里建立了贸易点。两年后，他们将曼哈顿地区命名为新阿姆斯特丹。

1664 年，英国人毫不费力地从荷兰人那里拿到了这片领土的统治权，并将它改名为“纽约”。

1776 年，《独立宣言》发表，美利坚合众国成立了。1785 年，纽约成为美国的首都。

19 世纪，移民开始大量涌入纽约，城市贸易发展、城市建筑大兴土木，纽约逐渐成为一座世界级的大城市。

1929 年 10 月 24 日，华尔街股市暴跌，引起了全球大恐慌，整个世界经济进入了“大萧条”时期。

20 世纪 50 年代，纽约不论在政治、经济还是艺术方面都成为世界的佼佼者。

2001 年 9 月 11 日，两架客机撞击了世贸中心双子塔。3000 余人在这次的恐怖袭击中失去了生命。事件震惊了全世界。

精彩纽约的历史车轮还在继续前进……

重要人物

政治、经济、艺术、体育……纽约在各个领域都人才辈出。让我给你们介绍几个我特别喜欢的人物吧！

西奥多·罗斯福（Theodore Roosevelt，1858—1919），美国的第26任总统，出生在纽约，人称老罗斯福，被认为是美国历史上最伟大的总统之一。在美国总统纪念公园的总统山上，并列雕刻着华盛顿、杰斐逊、罗斯福、林肯四位总统的雕像。玩具“泰迪熊”就是用他的绰号“泰迪”命名的，可见人们有多喜欢他。

约翰·戴维森·洛克菲勒（John Davison Rockefeller，1839—1937），这位出生于纽约州的石油大亨，是美国甚至是世界历史上的第一位巨富。其实，除了富可敌国，他作为慈善家的身份更是被人津津乐道。他一生共捐助了5亿多美元，资助教育、医疗、公共卫生等事业。

安迪·沃霍尔（Andy Warhol，1928—1987），是一位家喻户晓的美国当代艺术家。他开创了一种叫作波普艺术的艺术流派。他的作品通常以人们习以为常的或者当下流行的事物或人物作为主题，不断表现以引发人们对商业文明的思考。

鲁斯·巴德·金斯伯格（Ruth Bader Ginsburg，1933—2020），是美国历史上的第二位女性大法官，一生都在为反对性别歧视和维护少数族裔的权益而辛苦工作。

伍迪·文伦（Woody Allen，1935— ），是一位电影导演、编剧和演员，曾获得奥斯卡最佳导演奖。伍迪的电影非常具有个人风格，对白又多又长，而且几乎都与纽约有着千丝万缕的联系。

迈克尔·乔丹（Michael Jordan，1963— ），史上最伟大的篮球运动员。他在纽约布鲁克林出生，21岁的时候加入芝加哥公牛队。之后，他率领公牛队六次获得NBA总冠军，十次当选NBA得分王，六次获得总决赛最有价值球员奖，其他的荣誉和奖项更是数不胜数。人们称他是“空中飞人”“篮球奇才”。

出行交通方式

纽约的交通网络这么发达，我地图猫大人绝不会迷路！绝不会！

航空

纽约有三座机场，分别是位于皇后区的肯尼迪国际机场和拉瓜迪亚机场，以及位于新泽西州境内的纽瓦克自由国际机场。三座机场平均每年的客运量加在一起超过了 1 亿人次，真是相当惊人。

地铁

纽约地铁是美国线路最长和车站数量最多的地铁系统，历史也相当悠久。它同时还是世界上为数不多的 24 小时运行的公共交通系统之一。

铁路

纽约的铁路系统有城际铁路，连接纽约与波士顿、费城、华盛顿特区等地；还有多条通勤铁路，将纽约市与纽约州上州、长岛、新泽西州以及康涅狄格州连接了起来。

出租车

纽约的出租车有黄色和苹果绿色两种。黄色的那种，在纽约所有地方都可以载客；而绿色的那种则不可以进入曼哈顿中、下城以及肯尼迪国际机场和拉瓜迪亚机场。

你看桃桃乘坐的这辆车的车顶灯，中间的编号和“OFF DUTY”的灯都没亮，这就说明车里已经有乘客了，看见这样的车就别再招手叫车了。只有中间的编号亮起灯的时候，才说明这辆车可以载客。可是要是连“OFF DUTY”的灯也亮了，你也就别招手叫这辆车了，因为那个灯表示司机下班了，这辆车也处在休息中了。

车里有客人了，别费劲招手了。

司机和车辆随时准备迎接乘客。

司机下班了，招手也不会停的。

城中盛事

嘣嘣嘣嘣嘣……好想去听爵士乐；哎呀，慈善舞会上的公主姐姐好漂亮；气球的游行没见过；新年烟火太酷了……都想去参加，怎么办？

Winter Jazzfest
冬季爵士节

时　　间：每年 1 月中旬

地　　点：曼哈顿下城众多酒吧、演出场所

首次举办：2005 年

特　　点：世界级爵士表演连续两晚马拉松式不停歇上演；被誉为“北美第一爵士乐盛事”；让纽约成为当之无愧的“爵士之都”。

Met Gala
纽约大都会艺术博物馆慈善舞会

时　　间：每年 5 月初

地　　点：大都会艺术博物馆

首次举办：1948 年

特　　点：为大都会艺术博物馆时装馆筹集捐款的年度慈善晚宴舞会；根据当年时装馆展览的主题确定晚宴的着装主题。

Macy's Thanksgiving Day Parade
梅西感恩节大游行

时　　间：每年 11 月感恩节

地　　点：中央公园至梅西哈罗德广场

首次举办：1924 年

特　　点：美国第二历史悠久的感恩节游行；卡通大气球是游行的特色——硕大的气球飞上几层楼高时，是热烈气氛的最高点。

Times Square New Year's Eve
时代广场新年倒数

时　　间：每年 12 月 31 日

地　　点：时代广场

首次举办：1904 年

特　　点：全世界最著名的新年倒数活动；时代广场水晶球在每年的最后 60 秒内缓缓落下，标志着新一年的开始。

MAP
手绘地图

纽约，被喜爱它的人叫作“大苹果”，在歌曲中被唱作不夜城，在电影《蜘蛛侠》里是大名鼎鼎的哥谭市。它是人们心中的世界之都、帝国之城。纽约的精彩纷呈必须用心体会。

小知识：纽约为什么是“大苹果”呢？这要说到20世纪20年代。那时候，纽约特别流行赛马。苹果是对得胜马儿的最好奖励，所以骑师们开始称呼赛马是“大苹果”。后来《纽约晨递报》的记者约翰·菲茨杰拉德在他的赛马专栏中干脆把纽约称为“大苹果”。纽约的这个昵称由此而来。

贴纸页 STICKERS

第8—9页

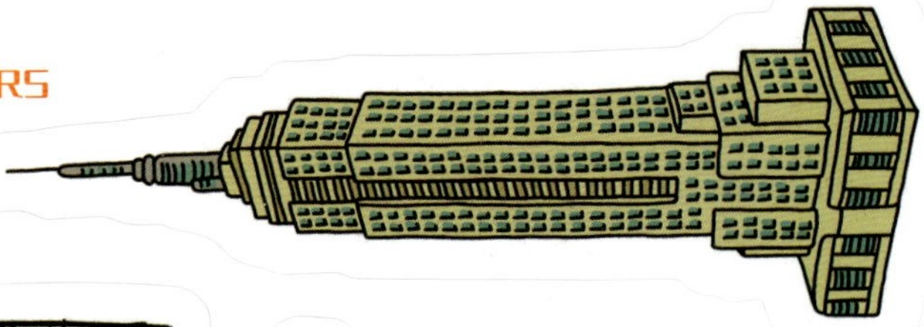

第18页

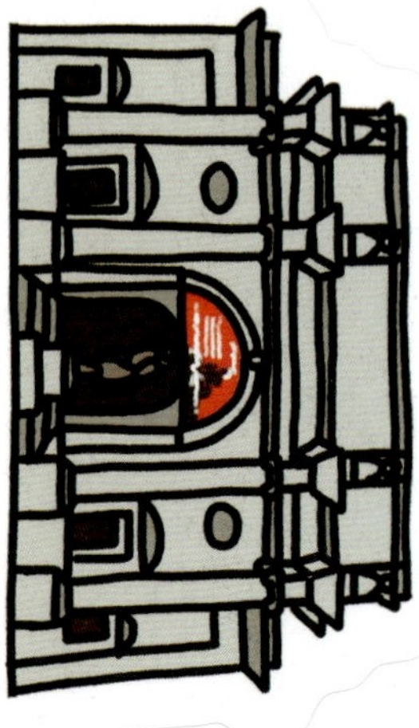

第12—13页

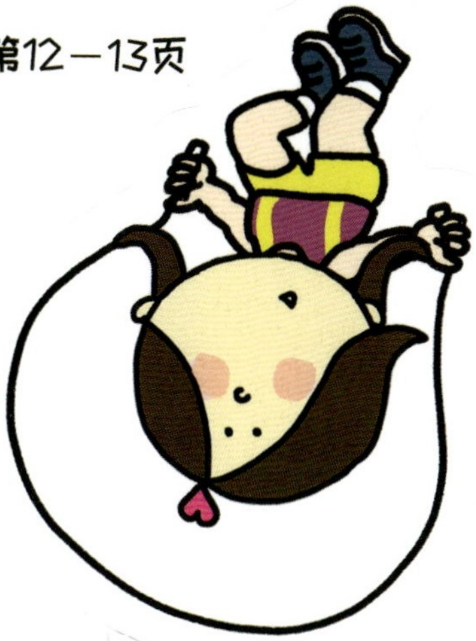

UNITED NATIONS

الأمم المتحدة

联合国

ORGANIZACIÓN
DE LAS NACIONES
UNIDAS

ОРГАНИЗАЦИЯ
ОБЪЕДИНЁННЫХ
НАЦИЙ

第27页

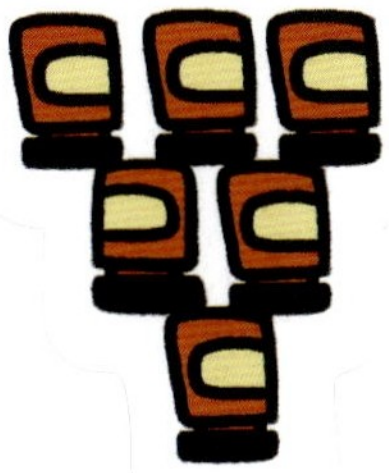

第32页

第34—35页

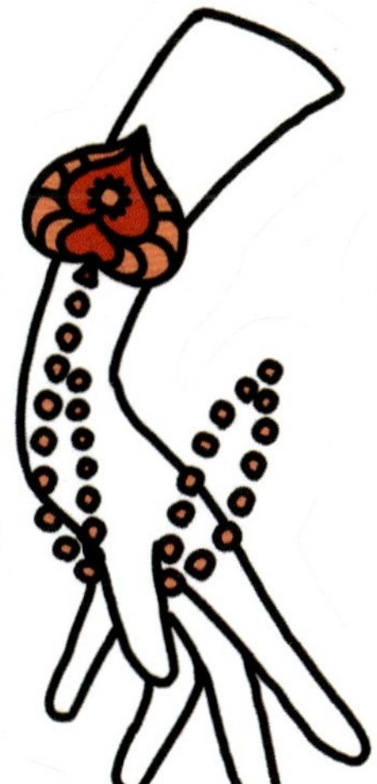

第36—37页

终于来到纽约了！有许多地方我都想去看看。小朋友，你的纽约之行计划好了吗？把你打算去的地方的贴纸贴到地图里来吧！

* 本地图仅为展现纽约文化标志及地标建筑相对位置的示意性地图。
* 你可以在贴纸页找到贴纸。

STATUE OF LIBERTY

自由女神像

为了纪念和庆祝美国独立 100 周年，法国将这尊自由女神像作为礼物送给了美国。这位女神身穿希腊式的长袍，右手举着火炬，左手捧着象征《独立宣言》的书籍。

1776 年 7 月 4 日，13 个在北美洲的英国殖民地签署文件，宣告从英国独立，成立美利坚合众国。这份文件就是著名的《独立宣言》。

SPOT THE DIFFERENCES

找不同

自由女神像好高啊。请找找这两幅自由女神像图有什么不同吧！一共有五处。

ROOSEVELT ISLAND TRAMWAY

罗斯福岛空中缆车

COLOR IT IN
涂颜色

只用五分钟，你就能乘坐罗斯福岛空中缆车横跨东河，从罗斯福岛“飞”来曼哈顿，当然，也可以从曼哈顿“飞”到罗斯福岛。这个缆车方便快捷、票价低廉，在上面还可以看到美丽的风景，所以大家都非常喜欢它。

CENTRAL PARK

中央公园

STICK THEM ON
贴贴纸

不论是对当地居民、对鸟儿之类的小动物，还是对全世界的游客，中央公园都有着神奇的吸引力。人工湖、喷泉、溜冰场、游乐场、慢跑径、动物园、大草地……这个公园的精彩数之不尽。

中央公园可真大呀！我喜欢到这里来。每个季节来都有好玩的。把我的样子贴进图里吧！

* 你可以在贴纸页找到贴纸。

LINCOLN CENTER FOR THE PERFORMING ARTS
林肯表演艺术中心

林肯表演艺术中心这片建筑群里有剧院、歌剧院、音乐厅、公共图书馆，还有顶尖的艺术学府茱莉亚学院。登上这里的舞台是全世界艺术家的梦想，能够在这里表演代表着无上的荣耀。

PAIR THEM UP
找对应

啊，演出结束了，刚才的音乐真好听。乐手要把乐器收拾到盒子里了。请你连线帮忙把乐器放到正确的盒子中吧！

DRAW & PAINT
画画并涂色

BROOKLYN BRIDGE
布鲁克林大桥

1883年，布鲁克林大桥建成了。它的全长有1834米，横跨在东河上，连接了布鲁克林与曼哈顿的交通。布鲁克林大桥的建成在当年被称为桥梁建筑史上的奇迹，而在那之后，布鲁克林大桥更成了纽约的标志性建筑。你肯定在许多关于纽约的电影或是照片中见到过它。

布鲁克林大桥完工时是当时世界上跨度最长的钢丝悬索桥。请你在空白处为东河设计一座新的大桥吧，也许它能成为纽约的新地标。

WALL STREET

华尔街

华尔街是一条不长的、窄窄的街道，但这里却是世界上最重要的金融中心。当大人们说到华尔街时，他们可能并不是在说这个地方，而是在说金融机构、权威经济分析师，甚至是世界经济……

简单来说，金融中心就是拥有很多大银行、大公司的地方。在这里，人们可以买卖股票、外汇、期货、债券……天哪，又带出来这么多新名词！这么说吧，金融中心就是让金钱变多或是变少的地方……

这里是华尔街的纽约证券交易所，这里的人们忙碌得可怕，我都跟着紧张起来了。帮我数数下面的物件在图中的数量。小图里好奇心奶奶的眼镜就不用数了，谢谢。

Tie 领带: ____ 条

Glasses 眼镜: ____ 副

Mouse 鼠标: ____ 个

METROPOLITAN MUSEUM OF ART

大都会艺术博物馆

GET YOUR REWARD 得奖励

大都会艺术博物馆就像是一座宝藏库，珍藏着来自世界各地的、从6000年前一直到现代的各种艺术珍品。这些馆藏有绘画、雕塑、摄影、建筑、服饰等。来到这里参观一定要有充足的体力……

这是丹铎神庙，来自2000年前的尼罗河畔，能在纽约看到它太神奇了。如果你在大都会艺术博物馆找到它，就让爸爸妈妈给你一个奖励贴纸吧！

还没有去大都会艺术博物馆就想获得奖励贴纸？那么请你把大都会艺术博物馆的英文名字（就在上面）背下来吧！背给爸爸妈妈听，他们也一定会把奖励贴纸给你的。

写点儿什么：

可以把奖励贴纸贴在这里！

UNITED NATIONS
联合国

联合国的总部大楼就在纽约曼哈顿。你知道吗，建造联合国大厦的这块土地是国际领土，它可不属于纽约管辖哟。联合国目前有 193 个成员国，有六种工作语言，分别是英语、法语、俄语、汉语、阿拉伯语和西班牙语。

瞧，翻译人员多认真呀！你能把他们翻译的语言所表示的“联合国”字样贴在相应的窗口下的方框中吗？给你个小提示，他们正在用他们翻译的语言说“你好”。

* 你可以在贴纸页找到贴纸。

NATIONAL SEPTEMBER 11 MEMORIAL & MUSEUM

“9·11”国家纪念博物馆

MAZE MASTER 走迷宫

2001 年 9 月 11 日，两架客机先后撞向了世贸中心的双子塔，数千人在那次灾难中失去了生命。为了怀念他们，也为了纪念那些英勇救人的消防队员，人们在世贸中心的遗址上修建了这座博物馆。

知道这个地方的故事后，我的心情挺沉重的。我和我的朋友们要去看看。你能帮忙看看谁选择的路径是正确的吗？

NEW YORK CAB
纽约出租车

COLOR IT IN
涂颜色

在茫茫车海里，黄色的车辆绝对最吸引你的目光，这也是纽约的出租车是黄色的原因。想成为一名纽约出租车司机不容易，不仅要取得出租车牌照，学习相关课程，还要通过体能测试。

也许你不喜欢黄色的出租车。给下面的出租车涂上你喜欢的颜色吧！

GREENWICH VILLAGE

格林威治村

格林威治村是曼哈顿南部下西城的一片住宅区。别以为是住宅区就没有什么可逛的。这里有各式的咖啡馆、书店、旧唱片店和小剧院呢。而且，好多具有影响力的文化思潮都在这里得到了发展，比如妇女解放运动、反战运动等。

妇女解放运动，我的理解就是为女性争取和男性平等的地位和权利，让她们可以按自己的想法生活。

这里指的是反对越南战争的一场运动。1961 年，美国卷入了越南战争，遭到了大批美国民众的反对。

HOW MANY 数一数

这里的街道走起来很舒服。其实我好想知道这些公寓里面是什么样的。小朋友，你能帮我数数下面的东西在图中的数量吗？

FLOWER POT 花盆：____个

HIGH HEEL 高跟鞋：____只 *注意是“只”不是“双”哟。

BICYCLE 自行车：____辆

YANKEE STADIUM

洋基体育场

洋基体育场是美国职业棒球大联盟成员纽约洋基队的棒球场。每次比赛的时候，被人称为“看台怪物”的洋基队死忠球迷都会在看台上高声唱歌、大呼小叫，吸引球队队员的注意力，这也成为赛场上的一道风景线。

洋基队在1901年就成立了。它现在是世界上数一数二的棒球队，棒球名人堂的许多超级选手都在这个球队服务过。

你爱看棒球比赛吗？洋基队可以说是支伟大的队伍。请你为他们的比赛设计一张门票吧！说不定人们会愿意珍藏这张门票呢！

GRAND CENTRAL TERMINAL

大中央车站

大中央车站连接着纽约的铁路和地下铁，是重要的交通枢纽。这个车站有一片非常美丽的黄道星图天花板，有一条总统专属的从站台通往楼上酒店的秘密通道，还有一条具有声波完整反射原理的回音廊。所以，就算不坐车，也应该到这里来看看。

BROADWAY
百老汇

百老汇大街两旁的剧院是美国戏剧演出的中心，许多著名的音乐剧都在这里诞生和成名。百老汇的音乐剧有许多风格，总有一出会对上你的胃口。

PAIR THEM UP
找对应

去欣赏一场音乐剧吧！让我先来测验一下你的音乐剧知识——请把下面的音乐剧海报和剧里的人物正确连线。应该不难吧？

UNION SQUARE GREENMARKET
联合广场绿色集市

SORT THEM OUT
分分类

联合广场每周一、三、五、六都有绿色集市开放。蔬菜、水果、肉类、花卉、果酱面包，还有布料……所有产品都是或无添加、健康新鲜，或自然环保的绿色产品。

有时间一定要逛逛这里，光看不买都是一种享受。请你帮忙把缺失的商品摆放回相应的摊位吧！

* 你可以在贴纸页找到贴纸。

HOTDOG
热狗

热狗绝对是纽约的国民小吃，人人都喜欢在蓝黄伞下的小食摊买个热狗喂喂馋虫。玉米热狗、培根热狗、面包圈热狗……任君选择。

面包夹香肠为什么叫热狗呢……来到纽约一定要尝尝。请你画一个热狗并涂上颜色吧！

DRAW & PAINT
画画并涂色

写点儿什么：

KNICKS
尼克斯队

纽约尼克斯队在 1946 年成立，是 NBA 的创始球队之一。它的战绩辉煌，很多篮球明星都曾为它效力。球队的主场是位于曼哈顿的麦迪逊广场花园，到这里来欣赏一场激动人心的篮球比赛是很多游客来纽约的必选行程。

NBA 是个英文缩写，它的英文全称是 National Basketball Association（国家篮球协会），我们把它翻译为美国职业篮球联赛。它的篮球比赛可以说是世界最高水准的篮球比赛。

GO KNICKS!
比较一下，两幅图中有五处不同。你能全部找出来吗？

SPOT THE DIFFERENCES
找不同

EMPIRE STATE BUILDING

帝国大厦

DRAW & PAINT
画画并涂色

帝国大厦是纽约著名的建筑。请看看这些关于它的数字吧！它在1931年建成，那之后的近40年一直是全世界最高的建筑物。它共有102层，1872级台阶，73部电梯。每年都有超过400万的游客登上这里的观景台俯瞰纽约的风光。

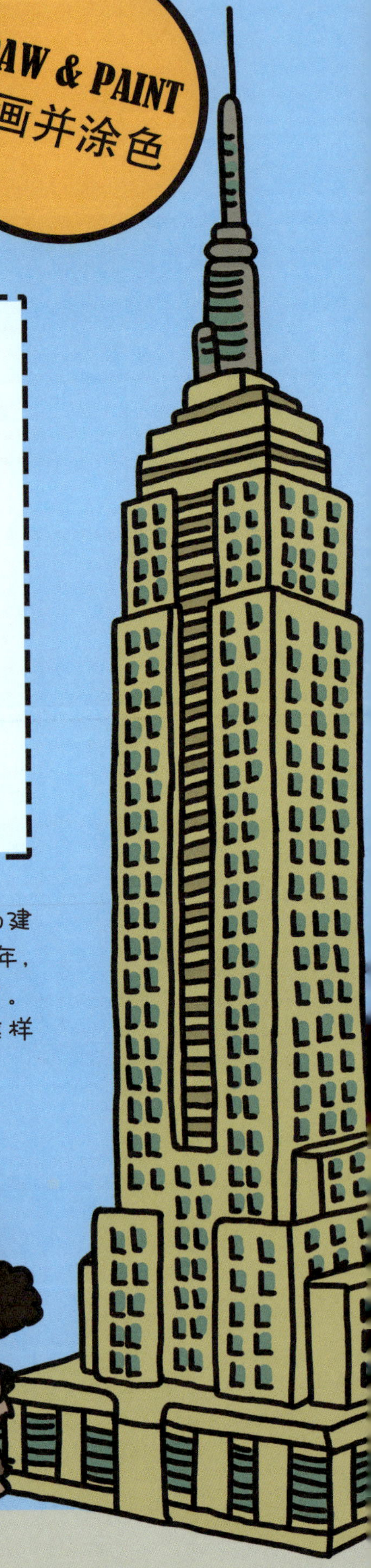

帝国大厦好高。帝国大厦的建筑过程仅有410天，这不仅在当年，就算是在今天也可以算是神速了。不知道能不能看见金刚。像我这样画一张和金刚的合影吧！

ROCKEFELLER CENTER
洛克菲勒中心

嗨，我刚在这个美丽的滑冰场滑完冰。我现在想去“巨石之巅”看看。你可以帮我带路吗？

MAZE MASTER
走迷宫

洛克菲勒中心是曼哈顿的一座城中城。这里绝不仅仅有商业办公中心和大型商场，还有可以 360 度俯瞰曼哈顿全景的“巨石之巅”，而且圣诞节期间在中心广场上还会竖立起全纽约最高最漂亮的圣诞树。你想不想来看看？

* 本迷宫不可做地图使用哦！

CHINA TOWN

中国城

纽约的中国城已经有 100 多年的历史了。这里有很多贩卖中国特产的商店，也有很多的中餐厅，是当地人和游客们品尝中国美食、领略中华文化的好去处。

过中国新年的时候这里最热闹。你可以帮我把这次庆祝活动的主角请过来吗？

* 你可以在贴纸页找到贴纸。

SKYSCRAPER 摩天大楼

摩天大楼的建设可以使人们的活动空间不断地向天空伸展，就好像不断在空中增加了新的土地一样。所以，在纽约这个寸土寸金的城市，摩天大楼非常密集，这也成为纽约独具特色的城市景观。

纽约的摩天大楼真多！站在楼中间向上望都会头晕，更别说站在楼顶向下望了。请把摩天大楼和它们的影子连起来吧！

PAIR THEM UP
找对应

FIFTH AVENUE
第五大道

SORT THEM OUT
分分类

第五大道是曼哈顿一条南北走向的街道。在这条街道上不仅有许多著名的景点，比如帝国大厦、洛克菲勒中心、圣帕特里克教堂、中央公园、大都会艺术博物馆等，而且还有无数的奢侈品专卖店和旗舰店，是世界上数一数二的高级购物街区。

这里有很多知名品牌。每家店铺的橱窗都很好看。请你帮忙布置一下吧!

＊你可以在贴纸页找到贴纸。

写点儿什么:

TIMES SQUARE
时代广场

时代广场最吸引人的莫过于各式各样光彩绚丽的霓虹灯广告牌。你知道吗，这可是纽约市的法规规定——时代广场四周建筑物的业主必须在外墙面悬挂霓虹灯广告牌。所以，我猜纽约市政府应该不会有部门受理有关时代广场霓虹灯光污染的问题，当然，应该也不会有人投诉吧。

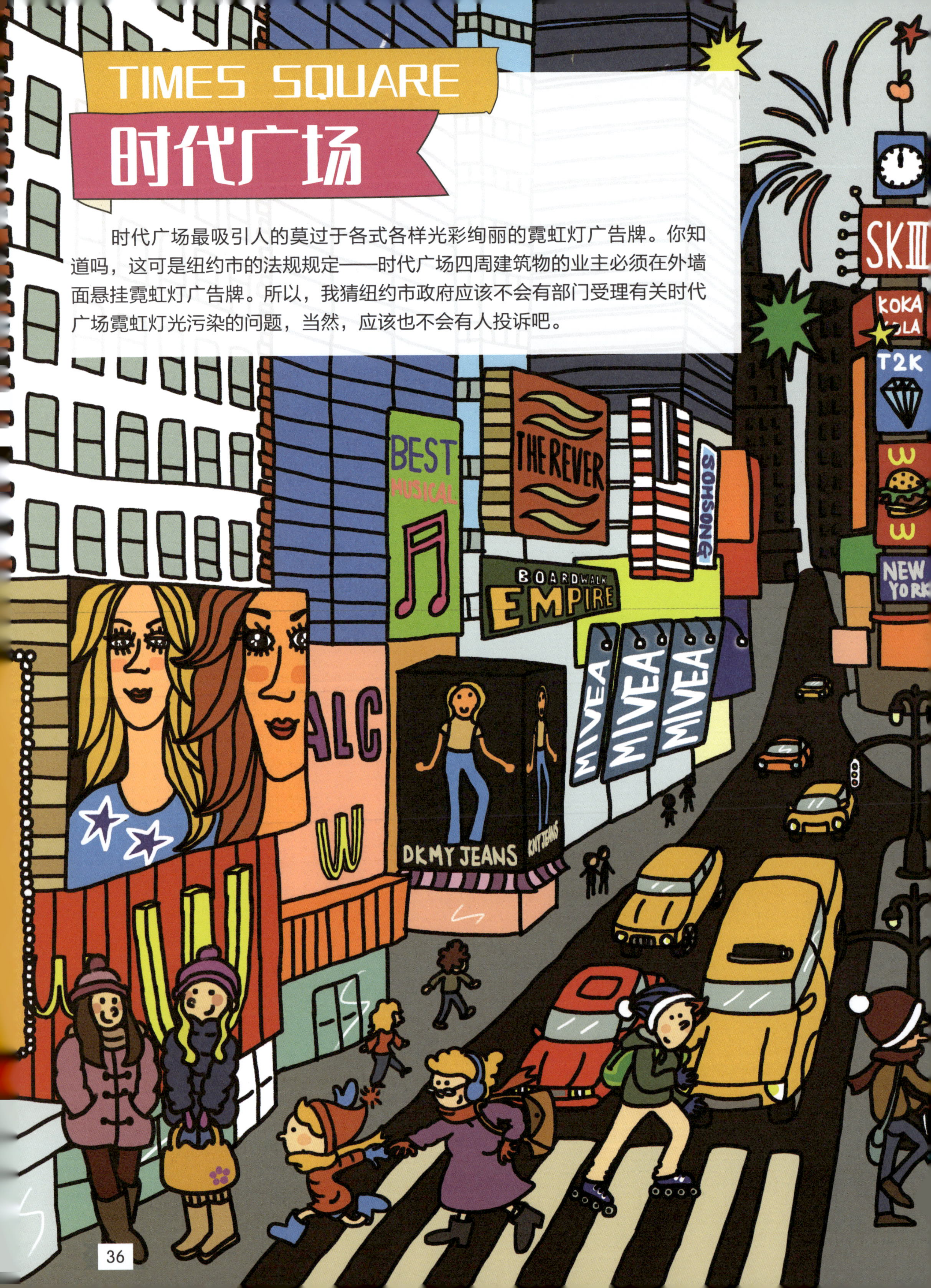

时代广场真是热闹繁华呀！这么多霓虹灯广告牌，这么多的行人，真是令人眼花缭乱。请把其他的行人贴纸也贴过来吧！

＊你可以在贴纸页找到贴纸。

AMERICAN MUSEUM OF NATURAL HISTORY
美国自然历史博物馆

1869 年，美国自然历史博物馆建馆了。它的规模是世界上最大的，有 46 个常设展厅，展出的内容包括天文、矿物、人类、古生物和现代生物五大类别，展品超过了 3200 万件。特别是这里的恐龙化石和陨石，不论是数量还是品质，在全世界都是数一数二的。

写点儿什么：

在美国自然历史博物馆里，这是最吸引人的展品之一。好想跟它一起到大海里游泳啊。按数字顺序连上线，你就能看到它的样子了。

CENTRAL PARK ZOO

中央公园动物园

这里是中央公园里的一个小型动物园。虽然规模不大，但是历史悠久。园中的动物也有很多是濒危物种。2005 年上映的动画片《马达加斯加》更是让这里名声大噪。 虽然没有动画片里的动物明星，但这里绝对是一个非常适合小朋友游玩参观的好去处。

HERE ARE THE ANSWERS
答案在这里

贴贴纸
P8—9

P12—13

找不同
P10

P29

找对应
P14

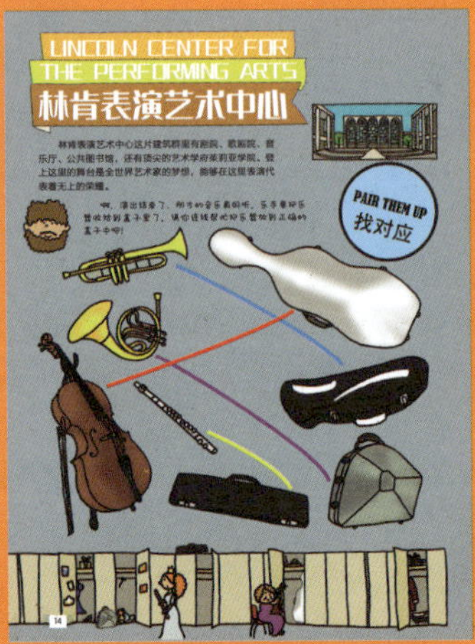

P26

P33

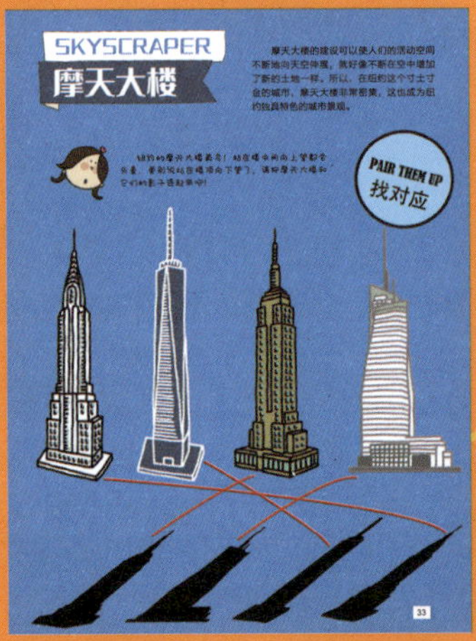

分分类
P19

P27

P34—35

走迷宫
P20

P31

连连线
P25

P38

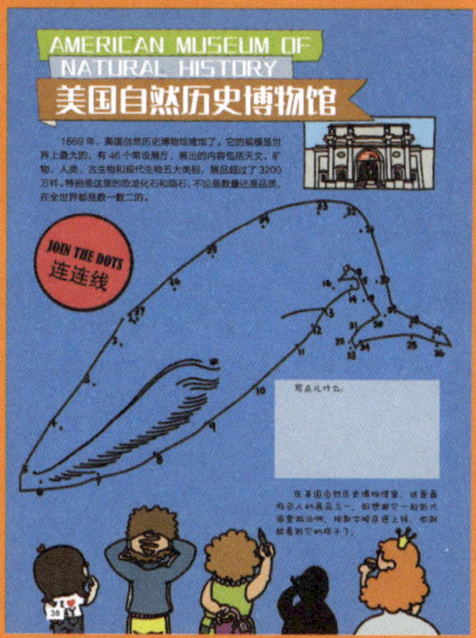

数一数

P16—17
领带：9条
眼镜：10副
鼠标：8个

P22—23
花盆：10个
高跟鞋：11只
自行车：3辆

P39
企鹅：13只

第11、15、21、24、28、30、32、36及37页没有标准答案，
请小朋友自由发挥想象力吧！

OUR HOTEL
我们的酒店

你住在什么样的酒店里？是不是复古风？拍张照片留作纪念吧！

照片贴在此处

OUR JOURNEY
我们的行程

DAY1

DAY2

DAY3

DAY4

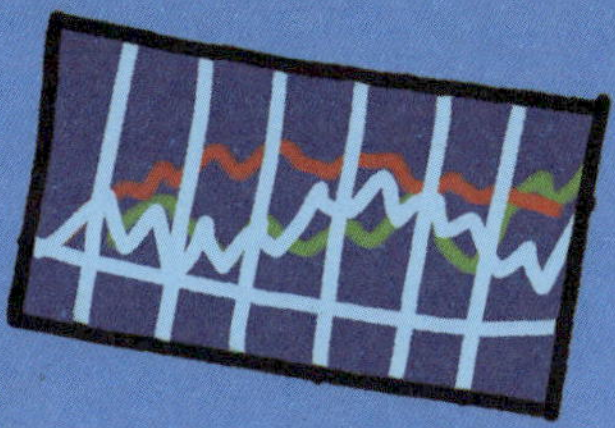

DAY5

DAY6

OUR PHOTOS
我们的照片

ATTACH THE PHOTOS HERE
贴照片

照片贴在此处

照片贴在此处

如果去了纽约旅行，相信你一定会拍摄不少照片。请你和爸爸妈妈挑选两张最喜欢的照片，贴在这里留作纪念吧！